命理生活新智慧・叢書 123

人氣增財術

金星出版社 ① 0Hhttp://www.venusco555.com
② 1Hhttp://www.venusco.com.tw
E-mail: venusco@pchome.com.tw
法 雲 居 士 http://www.fayin777.com
E-mail: fatevenus@yahoo.com.tw

法雲居士⊙著

金星出版

國家圖書館出版品預行編目資料

人氣增財術／法雲居士著，
--臺北市：金星出版：紅螞蟻總經銷，
2013年4月 初版；面；公分—
（命理生活新智慧叢書；123）

ISBN：978-986-6441-70-7（平裝）

1.紫微斗數

293.11　　101006716

人氣增財術

作　　者：　法雲居士
發 行 人：　袁鴻馨
社　　長：　袁光明
總 經 理：　王璟琪
編　　輯：　杜靖婕
出 版 者：　金星出版社
社　地址：台北市南京東路3段201號3樓
電　電話：886-2-2362-6655
傳　FAX：886-2365-2425
郵政劃撥：　18912942金星出版社帳戶
總 經 銷：　紅螞蟻圖書有限公司
地　　址：　台北市內湖區舊宗路二段121巷28・32號4樓
電　　話：　(02)27953656(代表號)
網　　址：　www.venusco555.com
E-mail　：　venusco@pchome.com.tw
　　　　　　venusco555@163.com
法雲居士網址：www.fayin777.com
E-mail　　：fatevenus@yahoo.com.tw

版　　次：　2013年4月初版
登 記 證：　行政院新聞局局版北市業字第653號
法律顧問：　郭啟疆律師
定　　價：　480元

行政院新聞局局版北字業字第653號
(本書遇有缺頁、破損倒裝請寄回更換)

ISBN：978-986-6441-70-7（平裝）

（因掛號郵資漲價，凡郵購五冊以上，九折優惠。本社負擔掛號寄書郵資。單冊及二、三、四冊郵購，恕無折扣，敬請諒察！）

序

『人氣增財術』是現代社會中大家所津津樂道的以『人緣』機會關係而成功賺取大把銀子的『增財術』。其實若以較傳統一點的說法，它就是自古以來商業上的中國式的心理戰術及教戰守則上最高層次的應用手法──『商業攻心術』。

目前商業社會裡，常在不景氣或全球金融風暴的滾滾浪潮中載浮載沉，現代人想要在此種環境及時運中奮戰及得以求生，實是現代人生活的模式與現實環境。許多天天在工作職場上周旋及擔心受怕會減薪裁員的朋友們，正像大海上的一葉孤舟一般，在時好時壞的金融浪潮景氣中的氛圍，對自己賺錢求生存的人際關係增財術更有迫切的需要。

每個人要想賺到錢，賺到大錢，想要增加財富，首先要有機會，

人氣增財術

有了機會還要運用聰明才智才能賺到錢。這些聰明才智就包括了對商業交易對象的思想、慾望的揣摩，還要擔心交易對象是否會心存不軌、毀棄不遵守正常的交易模式。因此要對交易對象進行內心善惡、愛憎、貪念的分析判斷。另外也要對自己在運氣及時間點上的人氣指數做掌握。這就是『人氣增財術』真正內容法則。

紫微斗數的命理模式一向對分析『人性』、『思想內容』、『行動指向』，以及『運氣走向』有精確的理論基礎與運算精準。當然！對『人氣增財術』會有更準確的分析指數。

目前，大家一窩蜂的做『網購』，有些商家一下子大發，有些商家卻做不起來，常有一票沒一票的做生意，『人氣增財術』就是讓你對顧客攻心為上，瞭解芸芸眾生中，大眾的癖好及整理出商業賺錢術的真正關鑑、要件。其實現代的商家和顧客之間就是一場心理攻防戰。職員和老闆之間也是一場攻防戰，你要如何拿出攻勢和學習力來瞭解『人氣增財術』的訣竅呢？一切盡在這本『人氣增財術』中了！

法雲居士　謹識

命理生活叢書123

人氣增財術

目錄

人氣增財術

人氣增財術

第一章 『紫微命格』的人氣增財術

第一節 『紫微坐命』者的人氣增財術

『紫微坐命』子午宮

太陰(陷) 巳	貪狼(旺) 午	天同(陷) 巨門(陷) 未	武曲(得) 天相(廟) 申
廉貞(平) 天府(廟) 辰			太陽(平) 天梁(得) 酉
卯			七殺(廟) 戌
破軍(得) 寅	丑	命宮 紫微(平) 子	天機(平) 亥

天機(平) 巳	命宮 紫微(廟) 午	未	破軍(得) 申
七殺(廟) 辰			酉
太陽(廟) 天梁(廟) 卯			廉貞(平) 天府(廟) 戌
武曲(得) 天相(廟) 寅	天同(陷) 巨門(陷) 丑	貪狼(旺) 子	太陰(廟) 亥

『紫微坐命』者的天界庇蔭與人界生活

天界庇蔭守護神：

『紫微坐命』者的守護神是在《封神榜》中，周文王的長子伯邑考，是位美男子。後世人也膜拜北斗星君，在《封神榜演義》中又稱斗姥元君生七子，長子是玉皇大帝，次子是紫微大帝。因此一般『紫微』在子、午宮坐命的人，多半為家中老二。**同時也表示身為『北斗七星』龍頭老大的『紫微星』**，本身就是一顆具有修復、改善環境、提升生活品質，可以輕鬆吐一口氣，趨吉避凶、愛享受物質生活樂趣的復建的星曜。

這亦表示：家中有『紫微坐命』的小孩誕生，就表示家中有問題要改善，是好的改變，更利於以後的生活。這種改變，多半是家中收入增加了，也會買房子，或生活稍富足一點。

人界生活處世：

因此，『紫微坐命』的人（也包括武曲坐命、廉貞坐命）多半出生於窮苦家庭之中。這樣說，『紫微坐命』的人要抗議及不承認自己家境不好了，因為他們自尊心特強，又鄙視窮人，說自己是窮人出身，對他來說真是痛苦！有一些中落的家族中，也會生出『紫府坐命』的人、『紫相坐命』的小孩，這表示家族命運已到谷底了，現正略見曙光，運氣要稍稍抬頭，但離中興的日子尚遠。

子女為『紫微坐命』的人

現今很多人都喜歡生『紫微坐命』小孩來改善家計，長相好，帶出去又有面子。但如果真生出紫微的小孩，那些父母可要有心裡準備：

人氣增財術

『一生甘為孺子牛』了。『紫微坐命』者（包括紫府在寅宮、紫相、紫殺、紫貪），除了『紫破坐命』和『紫府在申宮坐命』的人，父母宮好一點，其他『紫微坐命』的人，父母宮都不好。『紫微坐命』的人本來就性格自以為大，不太瞧得起父母和長輩，自以為聰明能幹，所以也和父母、長輩處不好。當然！他們的學習和教養也不太好，只是外表看似忠厚而已。

很多和『紫微坐命』者共事的人，或『紫微坐命』者的配偶都會抱怨：『真沒想到外表正派、莊嚴的人，竟然教養是並不太好的！』不過，這也和八字有關，八字正派入格的人，人也會正派、教養好一點。很多父母自以為聰明、用電腦印盤軟體找到『紫微坐命』的時間來生下小孩，表面上看起來不錯，但小孩漸長大後，會發覺很難教養，成人後，也與父母保持距離，除非父母有用途，可幫忙打掃或帶小孩。『紫微坐命』的人較自私是顯而易見的了。

父母為『紫微坐命』的人

家中的父母如果是『紫微坐命』的人，雖然其子女宮為『太陽、天梁』，表示會生出多個子女。但是他會把子女相互做比較，看看那個子女會對他孝順，對他好，再去疼愛此人。雖然對外人都講『手心手背都是肉』，但實際他是有差別待遇的人。因此，會表現又嘴甜的小孩，就特別受寵愛。但這個受寵愛的小孩未來就是最不爭氣、也沒有成就的人。

『紫微坐命』的人，不在乎自己的小孩是否有成就，他們是高高在上，如君主般發號施令的父母，子女只要唯唯諾諾就好了．最好不要有太多意見及挑戰父母的權威。也因此，『紫微坐命』的父母幾乎無法教養出有成就的小孩出來。**再一方面，他們也不會為小孩犧牲奉獻**，他

人氣增財術

們只在乎自我，是本位性很強的人。子女成年後，即使再遇經濟困難，他也不會拔刀相助，而且很怕會連累到他，因為他是愛面子的人嘛！

談到這些，並不是要數落『紫微坐命』不好，每個命格都在性格和人生價值觀或各方面有優缺點。要先知道這些，才能正確使用攻心術。**因此，嚴格的說，『紫微坐命』的人，天界庇蔭守護神是『北斗星君』，**也是帝王星座，今生落入凡間、凡人之家，自然受父母捧在頭上養大。但這些父母也都受過一些生活的磨難，自然在彼此相對待方面是不一定順利的。

但是，『紫微坐命』的人一生都不會遇到太大的問題，有趨吉避凶的本能，算是好運的人，可是『紫微坐命』的人太愛享福，喜追求和物質生活的享受，人生較難有太出色的表現，至今沒有任何大人物是『紫微坐命』的人，而且『紫微坐命』的人，做中級公務員的人最多，這是因為生活安定之故。

倘若命宮再有『紫微、天空』或『紫微、地劫』，其人就常不工作，而悠閒自在，也能生活了。

『紫微坐命』的人，表面看起來忠厚老實，實則是性情善變、剛柔不濟之人。主要是因為幼年家中關係複雜，與父母或和同父異母之兄弟皆不和之故。

性格優點：外表忠厚、穩重、固執、心事埋藏心底、不會隨便告訴別人，重視實際利益，小心謹慎，不會冒險。喜歡在名利上爭長短。運氣一直很好，很會策劃、計謀多。財利、名位可按步就班的手到擒來。

性格缺點：心地較狹窄、耳軟心活、常聽信別人的讒言及甜言蜜語而改變心意。容易善變。

『紫微坐命』者的內心思想

『紫微坐命』的人，常對別人有懷疑之心，總是擔心別人會來騙自己。在初次見面時，其態度並不會很友善。他希望別人能主動的證明自己是忠厚賢良之人，而且是對自己盡忠的好人，而再進一步的與其深談或深交。

『紫微坐命』的人注重實質利益，因此也比較現實和勢利。凡事喜歡經過長時間緩慢的思考才行動。

『紫微坐命』者重實利為主的人生價值觀

『紫微坐命』的人，通常是以名聲、地位為其價值觀與追求方向的。『身宮』落在財帛宮的人，比較重視金錢財富。**『身宮』落在事業宮**

的人，急於創造事業。**『紫微坐命』的人，很多是身、命同宮，**自以為是又固執己見就愈嚴重了。更不會接受父母、長輩的教育，也較自負，如果身宮在福德宮的人，會忙碌不得閒，也沒有結果。

命宮中有『紫微化權』的人，喜歡掌權管事，性格頑固、霸道。其價值觀是以權利、地位為重的人，但因財帛宮有『武曲化忌、天相』，會為享受而入不敷出而欠債，一生都在為錢財做奴隸。

『紫微坐命』者有自利條款，反對利他作業

『紫微坐命』的人是外表溫和、內心固執得很的人，常常固執己見，好像沒有轉圜的餘地。但是他們喜歡聽饞言小話，耳根子很軟，遇事又喜歡前想後想，捉摸不定。**實際上是個很難拿主意的人。**因此他們須要花很多的時間思考，性子慢是很有名的了。最後他也可能根本不做

決定了。但是在決定事件的中途，他是很愛掌權的人。

『紫微坐命』者的脾氣急躁、桃花多

『紫微』單星坐命的人，表面上看起來溫和有教養，只是固執在心裡。凡事喜歡講理，並不會隨便發脾氣。『紫微、擎羊』坐命，或是『紫微、火星』坐命的人，脾氣較急躁，喜歡速戰速決。在遇到衝突時較沈不住氣，容易衝動。只要不用激烈的言語去激他，大致上他們還是很講究儀態，不會動粗的。

對『紫微坐命』的人多送高帽子

『紫微坐命』的人很喜歡講理，而且高高在上、有霸道、固執的自傲心態，通常他們都是自認是明理、而且具有高度知識的、高格調品行的人類。你只要瞭解他們的這種心態，多表示尊重他的意見，並希望他能聽聽你的意見，一切以『理』字為重，耐心闡述，多講一些柔性的語言，耳軟心活的他，一定能被你說服的。

再之，對年輕的『紫微坐命』的人攻心，要多稱讚他們相貌堂堂、穩重、有氣質。他們對你懂得欣賞他，也會用好態度來對待你。對中年程度的『紫微坐命』的人不但要讚美他氣質出眾、品德、知識的格調高，也是非常重要的重點。對待年紀大的『紫微坐命』的人更要多捧捧、多說尊敬的話，即使讓他吃點小虧，多賺他一點錢，他也甘心，總之高帽子多給他戴幾頂，一切都會搞定，難道你不知道？高帽子就是為他們所特製的！

人氣增財術

『紫微坐命』者的人氣增強術

『紫微坐命』子、午宮的人，是個內心很政治化的人，家人對他來說也沒有太大用處，平常很少想到要對別人攻心，只有事到臨頭或須要長輩或朋友幫忙了，才想對別人攻心，但又有點來不及的樣子，常內心『哎呀』！但也沒什麼好辦法，只有硬著頭皮眼睜睜的錯失良機。他們總是安慰自己沒關係！以後還有機會。熟不知，到了下一次的機會，還是同樣的問題。因為他對能幫助他的長輩仍沒做好攻心工作，所以又會再看一次錯失良機！

『紫微坐命』子、午宮的人，人生的關鍵點就是父母宮與兄弟宮不好，夫妻宮也平平，不算佳。因此長輩運、同輩、同事運都淡薄無用。你最該放低身段，多花點時間在父母、長輩或兄弟姐妹及同事之間，和他們多相處些時間，不要用藉口太忙來做掩護，到了必要的時候，自然有長輩的貴人會來幫你！

第二節 『紫府坐命』者的人氣增財術

『紫府坐命』寅申宮

巨門(旺) 巳	廉貞(平) 天相(廟) 午	天梁(旺) 未	七殺(廟) 申
貪狼(廟) 辰			天同(平) 酉
太陰(陷) 卯			武曲(廟) 戌
命宮 **紫微(旺) 天府(廟)** 寅	天機(陷) 丑	破軍(廟) 子	太陽(陷) 亥

太陽(旺) 巳	破軍(廟) 午	天機(陷) 未	命宮 **紫微(旺) 天府(得)** 申
武曲(廟) 辰			太陰(旺) 酉
天同(平) 卯			貪狼(廟) 戌
七殺(廟) 寅	天梁(旺) 丑	廉貞(平) 天相(廟) 子	巨門(旺) 亥

『紫府坐命』者的天界庇蔭與人界生活

天界庇蔭守護神：

『紫微、天府』坐命者的守護神是《封神榜》中周文王長子伯邑**考或稱斗姥元君之子的『紫微大帝』，以及代表天府星的紂王之妻姜皇后**。後世也以『北斗星君』和『南斗星君』兩個守護星共同加以膜拜。『紫府』在寅宮時，『天府居廟』，表示『南斗星君』的致福致財的威力蔭庇較強，『紫府』在申宮時，『天府居得地』之位，表示『南斗星君』致福致財的威力及蔭庇力量，只有六十分剛合格而已。其實在寅宮或申宮這兩個宮位的『紫微』復建致祥力量都差不多。

『**紫微』是帝座，是趨吉避凶的星，『天府』是財庫星**，此兩星同入命宮，表示此人就是來使人恢復財力，賺到頭等好的物質生活的人生過程的。因此，當家中有紫府坐命的小孩誕生時，就表示家中的貧窮階要漸漸有積蓄而轉富或轉為生活有留存了。

人界生活處世：

很有趣的是：我常算命算到『紫府坐命』的寅宮的人，家境要比坐命申宮的人窮得多，因為其父母宮為『太陰陷落』之故。因此『紫微坐命』寅宮的人常在國中、高中讀書期間就要打工，一面工作、一面賺錢貼補家用，這樣才能生活。而『紫府坐命』申宮的人，幼年還好，但家境不算太富裕，只是一般小老百姓的生活而已。

凡是命宮有『財星』的人，其出生都是和家庭當時『急需財』有關。每個人都是順應環境需要而誕生的！因此，『紫府坐命』的人，天生之使命就是出生在此家庭來幫助父母復建家族，使父母的經濟狀況轉好。故而，他們也是守護父母、原生家庭的守護神。我們常可看到：許多『紫府坐命』的人，極年輕時（有時十幾歲）就開始打拚賺錢，拿錢回家養家，對父母盡心盡力，又一心想買房子給父母，希望父母生活安定。**『紫府坐命』的人很孝順父母，這是因為父母宮有一顆『太陰星』的關係。**『太陰』也代表感情，溫情及母親，所以『紫府坐命』的人特別和母親感情深厚。命坐寅宮的人，父母宮是『太陰居陷』，母親因天生財少愛唸，因此和『紫府坐命』寅宮的人，感情沒那麼深，但他仍會外出賺錢寄回去養家。

『紫府坐命』的人，兄弟宮和夫妻宮不好。兄弟宮是『天機陷落』，表示兄弟是懦弱、喜搞小聰明及無大用之人。所以『紫府坐命』的人才會那麼累，需要獨自養家，而無人幫忙。再說，因為『紫府坐命』的人之遷移宮為『七殺居廟』，表示他很愛打拚，而且只要打拚就有錢賺。賺錢的運氣比別人好，他又特別喜歡賺錢、存錢，做事規規矩矩，得老闆寵愛信任。等到弟妹稍長，家計負擔減輕時，『紫府坐命』的就會開始賺自己的私房錢，買自己的房子及房地產，成為富婆富翁，未來他會儲存很多棟的房地產，做寓公收租金來輕鬆過日子。

談到『紫府坐命』的人容易受到老闆寵愛，但甲年、庚年、丁年、癸年生的人除外，**因為甲年、庚年生人有『擎羊』進入父母宮。而丁年、癸年生人有『擎羊』進入僕役宮。**

這主要是因為其僕役宮『天梁居旺』，表示有長輩級的朋友或上司來幫助他，並且會教育他，增長他的知識，提高他的人生層級，改變化人生。所以『紫府坐命』者雖幼年辛苦，但遇到貴人後，便像坐上順風車一樣，快速至人生高層次發展。

另一方面，『紫府坐命』的人，有『辰戌武貪格』暴發運格，在辰年（龍年）、戌年（狗年）都有暴發運，也會促發貴人運，因此人生能有極大的轉變力量。棒球明星王健民就是『紫府坐命』的人，也是幼年家窮，被送人做養子，日後才發達，但和原先家中之兄弟姐妹也合不來了。

『紫府坐命』的人，年輕時性格拘謹、保守，因為幼年家中窮困的印象，很喜歡有屬於自己的家庭，很多都會早婚，來經營自己的家庭。**但是夫妻宮是一顆『破軍星』，**表示他內心的想法和他實際的外表行為不一樣。『紫府坐命』的人，性格較拘謹、有點悶，很希望別人能帶動氣氛，把氣氛弄好，讓他過得很舒適，但往往看走了眼，或是剛開始這個情人和配偶還能配合他，給他安慰或能營造氣氛，但時間一久，便放棄配合，或因錢財因素，產生磨擦。

『紫府坐命』的人是天生小氣、吝嗇、保守的人，因為他的錢每一分都是辛苦賺來的，再加上財星入命的人，都很小氣吝嗇，價值觀不一樣，因此婚姻運是不順利的。『紫府坐命』的人即使離婚後，或離婚好幾次，還會養以前的夫或妻及與前夫、前妻所生之子女。因為他們是會賺錢的人，而前妻、前夫也都賺錢成就不如他們好。

『紫府坐命』的人，其財帛宮為『武曲居廟』，財、福二宮又形成『武貪格』暴發運格，因此常常有賺錢好運，每隔六、七年又大發一次，賺錢的力道真是無人能比。

『紫府坐命』的人，一生之罩門都出現在感情問題和婚姻問題上。真可說是：『每個人的人生都有一破！』而『紫府坐命』的人就破在婚姻上了。這主要是因為他們在一般『看人』上，還很準，但他們在感情上，便找不對人，或眼睛迷糊了，往往找到破財多、沒能力，而且又脾氣壞、跛扈的配偶，結婚生子後才原形畢露，後悔莫及！這主要是因為『紫府坐命』的人行事低調，先天有精神空虛的空洞。如果有異性

人氣增財術

持續對他好，便容易擄獲他的心。紫府坐命的人雖愛錢，重視錢，但願意照顧自家人，除非不勝負荷，或價值觀太相反，而鬧翻了，才會分開。但他們仍是個會念舊的人。

紫府坐命的人，外表看起來是忠厚、正派的人。對於金錢很敏感謹慎，不太會借錢給別人。自己非常熱愛物質生活，一切用品都要求是最好的。但是對別人比較吝嗇。紫府坐命的人不是幼年身體不佳，就是幼年家庭中有變故，因此會形成自傲孤獨，以物質享受為精神寄託。

性格優點：行事正派、一板一眼、言語穩重、很會理財、重視打扮和名譽、信諾、自許出自上等社會。凡事精打細算，十分精明，是主富的人才。

性格缺點：固執而吝嗇，對錢財太過謹慎，只顧照顧自家人，太重視自身的享受。

『紫府坐命』者的內心思想

『紫府坐命』的人，凡事大致都光明磊落，重言諾信守。行事中規中矩。敢說敢做、言行一致。遇事時會很用心的思考過再決定，其速度比『紫微坐命』人的慢性子要快很多。『紫府坐命』的人比較愛賺錢，注重自身的利益，而且會很快速的把利益給數字化評估出來。

『紫府坐命』的人，有一些是公教人員，一些是經商的生意人，他們在思想上的共通點就是對不勞而獲的事情嗤之以鼻，而願意一板一眼的賺取財富。

『紫府坐命』者重計較為主的人生價值觀

『紫府坐命』的人，是『帝王星』與『財庫星』同坐命宮的人，其人的價值觀主要以財富為主。**『身宮』落在財帛宮的人，**尤其愛賺錢。**『身宮』落在事業宮的人，**則以事業為重，最終還是以事業賺取財富，再以財富計價，價值觀還是在一個『錢』字上。

命宮裡有『紫微化權』的人，是很有控制能力及慾望的人，能掌權，又能掌控錢財，並且特別愛錢與權利。一生所追求的目標也是如此。**但是他是壬年生的人，其財帛宮必有『武曲化忌』，**因此也會錢財不順，或愛管錢但管不好，容易貪污、寅吃卯糧過日子。其人也沒有暴發運。一生能平順就不錯了。

『紫府坐命』者對財的計算精準度特別注重

『紫府坐命』的人重視講求公平合理。凡事喜歡清清楚楚、錙銖必較、痛恨別人用欺騙行為，甚至連善意的謊言也不接受，是個極為理性的人，若能正面與之探討問題的重心，『紫府坐命』的人因重視實利，對錢財計算的精準度特別注重。若是以欺騙搪塞的方式應付他，則會領教他極強的頑固態度。

『紫府坐命』者外表緩慢得體，內心急躁

『紫府坐命』的人普通都是穩重溫和、氣質不錯的人，也不會隨便發脾氣，凡事講理。但是固執的情況很嚴重。尤其對於會違背其行事作風或違背其原則、良心的事情是異常反感的，脾氣很拗、決不妥協，他們很少會破口罵人，只是會與之斷絕來往，不再理他。

對『紫府坐命』者多送一針見血的分析條理

要瞭解『紫府坐命』的人，辦事處世很注重原則性，也不會輕易

更改，除非能動之以情，明示其利益的取捨，否則會很難說服他們。因此用平和的、智慧型的分析解說，你的道理一定要比他的道理強而合理，才能說服他。若是用強硬、頑固、霸道、直接命令的方式，會達不到效果。

『紫府坐命』的人如果是你的同事，看你的年紀比他大，還是比他小。**如果你比『紫府坐命』的同事年紀大**，你會很喜歡這位老實、一板一眼、話不多、又勤勞守份際的人。因此你會儘量幫助他，甚至幫他打通人際關係。你也會把任何好機會留給他，或在任何事上資助他，不惜把自身本領都教導他，他雖學習能力不算太快，但仍用心學習，苦苦練習。也懂得感恩回報，因此你們的感情有如師徒感情，你已對他達到『攻心』的力量了。

如果你的年紀比『紫府坐命』者的同事年紀小，你就要注意自己的言行舉止不要太誇張、太顯眼，或是太自以為是。因為這些都是『紫府坐命』的人不喜歡的舉止。你應該效法『紫府坐命』者保守、一板一眼、規規矩矩的言行舉止，才讓他覺得你值得信任。你更應多培養賺錢及理財知識，常提供有用的財經消息或新聞給他，如此對『紫府坐命』者的『攻心』會更直接快速。但如果你提供的消息使他賠錢，你最好從此消失不見，因他再也不會相信你，而且記仇會記一輩子，一輩子他都記得你是個騙小或無用之人。

如果你是『紫府坐命』者的兄弟姐妹，最好別常耍小聰明，還是實事求是，講信用，錢財分明，不要常貪他的小便宜。因為他是瞧不起你們的。除非你是能自立、做人做事都規矩的人，重諾言，又不會借錢不還的人，他才會對你好。否則他是不會多理你的。因此，你自己要有工作、有正常賺錢的方式，又重規矩、重禮貌，才有機會和『紫府坐

人氣增財術

命』的兄弟姐妹去推心置腹喲！

如果你是『紫府坐命』者的父母，最好，你也是性格保守、重承諾，不會浪費的人，也能體諒這個小孩為家庭的辛苦，常跟他說些貼心話，他會更加的疼愛及孝順父母，這就真心達到『攻心』效果了。

如果你是『紫府坐命』者的配偶，你需要先瞭解他的價值觀和最重視什麼事。要瞭解他除了喜歡賺錢外，更重視其家中那個人？如果他最重視父母，那你就千萬別和公婆或岳父母大人搞不好或有過節，應多巴結對方的父母，才會對你自己有利。

『紫府坐命』的人也對自己的家庭有地域性和佔有與保護慾念，因此千萬不可帶陌生人進入他的禁地。如果是有威脅性的異性更不可以了。這可能導致你們婚姻失敗或爭吵的導火線。

『紫府坐命』的人剛開始都會和情人配偶錢財分得很清楚，但關係親密後，錢財漸漸分不清楚，最後也都是因為錢財之事分手。如果你想要對『紫府坐命』的配偶討好示好，最好的方式是錢財分清楚，而且你有能力送他同價值的禮物，例如房子、鑽戒，或有價證券。如果你有多存一點存款給他看，他也是十分高興的。如此的攻心一定會成功。

如果你有『紫府坐命』者的老闆，你最好平常別打混摸魚，做事要一板一眼、認真努力，對錢財也要清楚計算。少向他人借錢，更不要預支薪水，這樣你平日的評價才會高，才會有加薪的可能。如果你更能幫老闆開拓更多的業務業績，能幫忙賺更多的錢，績效更好，自然老闆更會對你另眼相看，好好捧著你。『紫府坐命』的老闆平常雖小氣吝嗇，但對有能力為公司賺錢之人才仍會稍微獎勵的。只是金額他會斟酌評量，較小心一點的。

如果你有『紫府坐命』者的下屬或朋友，你最好跟他相處時，多表現公平對待的模式，起初不熟的時候，也不需要太巴結他，否則他會懷疑你有所圖而不想與你親近。稍微熟一點之後，你要瞭解他們是規規矩矩又一板一眼的人，勿慫恿他去做一些投機取巧的事，或在法律邊緣的事，這樣，他非但不會做，也會瞧不起你！

『紫府坐命』的人與人很慢熟，但熟了之後，又氣味相投的話，會交情持久不變。但首先你要得到他的肯定才行，太多拍馬屁的動作也是他所不喜歡的！因此你只能用你平常的表現和人格來做為保證，來得到他的信任，才能對他攻心了。

『紫府坐命』者的人氣增財術

『紫府坐命』的人平常很保守、固執，有什麼事常放在心中，很內斂又不表現出來，平常不會向別人攻心。有時他們也會自以為高尚，不會做巴結別人的事。但如果長輩幫了他們的他，他為了表示感謝，會買東西送禮或送錢來討長輩歡心及表達謝意。對晚輩或下屬，他偶而也會有表達好意的行為。

『紫府坐命』的人一生都靠自己努力賺錢而富足，因此不太看得起好吃懶做，或成效不如他的人。**其人生中最大的問題是與兄弟之間如感情不好，及感情、婚姻問題。**六親關係中有兩親不好，其他的事他都能把握住。因此只有此二親關係是最需要『攻心』的了。可是先抉條件也要這二親關係中的人，要在價值觀與言行舉止，符合守份際的條件，『紫府坐命』的人就會照顧他。如果這些人仍行為乖張、不浪費、不喜守規矩，又常出蹩腳、不正派、吊兒郎噹，常使他丟臉的話，他也是會當這個人為虛無透明之人，絲毫不予理會的！

第三節 『紫相坐命』者的人氣增財術

『紫相坐命』辰戌宮

巳	午	未	申
天梁(陷) 巳	七殺(旺) 午	未	廉貞(廟) 申
命宮 紫微(得) 天相(得) 辰			酉
天機(旺) 巨門(廟) 卯			破軍(旺) 戌
貪狼(平) 寅	太陽(陷) 太陰(廟) 丑	武曲(旺) 天府(廟) 子	天同(廟) 亥

巳	午	未	申
天同(廟) 巳	武曲(旺) 天府(旺) 午	太陽(得) 太陰(陷) 未	貪狼(平) 申
破軍(旺) 辰			天機(旺) 巨門(廟) 酉
卯			命宮 紫微(得) 天相(得) 戌
廉貞(廟) 寅	丑	七殺(旺) 子	天梁(陷) 亥

『紫相坐命』者的天界庇蔭與人界生活

天界庇蔭守護神：

『紫微、天相』坐命者的守護神在《封神榜》中是代表『紫微

星』的周文王的長子伯邑考及代表『天相星』的紂王大臣聞太師。後世也以『北斗星君』與福德正神為守護神來膜拜。『北斗星君』是管天界神祇。而福德正神是管地界的神祇。所以『紫相坐命』的人就是介於天上及人間傳達使命、主持公道的使者，他也有修復、趨吉避凶及改善環境、提升生活品質的天生特質。而且是比較偏重於收拾殘局方面。

人界生活處世態度：

這同時也表示：家中有『紫相坐命』的小孩誕生時，就表示家中有一些破亂的局面要改善收拾了。這些破亂的局面，有時候是父母離婚造成的，有時候是上一代（父親代或祖父代）的家族爭財產、打官司的問題造成的。**『紫相坐命』的人，其遷移宮（代表外在環境）就是『破軍』，**表示天生的環境就是紛亂的、雜亂的，或是有爭鬥性的環境，是需要他來整理改善的。**壬年生的『紫相坐命』者，若再有『陀羅』與**

『破軍』同宮，表示環境破爛的狀況會更嚴重、會有窮困的問題，這和有『破軍、擎羊』在遷移宮中時，是同樣的窮困、破亂。會在出生時，家中就不富裕且爭鬥多，一生之生活也起多端、不太順利了。

『紫相坐命』的人，從小得不到父母的良好照顧，**父母宮是『天梁陷落』**，會因父母太忙，或母親是個能力差的人。因此，『紫相坐命』的人從小便要自己面對很多人際關係上面的問題。再加上他又容易處在一個混亂的局面中，因此很多『紫相坐命』的人遇強則強，遇弱則弱，這和其他『天相坐命』的人是類似的。

『紫相坐命』的人，除了有『擎羊』在命宮或在遷移宮形成『刑印』格局，會懦弱，而內心陰險之外，其他的『紫相坐命』者大多外貌、溫和、忠厚、內心複雜、愛多想，本身又並不聰明、不伶俐，當發覺自己比不過別人時，就開始發脾氣。

『紫相坐命』者外表穩重、內心悶而急躁

很多『紫相坐命』的人，脾氣都不好，尤其當他們盧起來的時候，教養就很差了。所以要和『紫相』的人講理，最好要在其『紫相』的時間和他談才有用。如果其人的命宮在辰，就在辰時和他談，如果其人命宮在戌，就在戌時和他建議改善，才有用。

對『紫相坐命』者多送高帽子

『紫相坐命』的人，因為環境的問題，因此家中一定會有一些問題存在，其實久而久之，他也習以為常。**其人的財帛宮是『武府居廟』、官祿宮是『廉貞居廟』，**很能規劃一些事情來賺錢。除了壬年生的人有『武曲化忌』在財帛宮，遷移宮又有『破軍、陀羅』以及辛年生的

人有『破軍、擎羊』在遷移宮，會一生財少不富裕之外，『紫相坐命』者大多一生衣食無憂、中等的小康之家的生活是有的，但不會大富。『紫相坐命』的人大多做公務員或上班族，能做到中等官階或中等管理階層，也有少部份命裡財稍多的人能開公司、工廠，但也會起起伏伏。

『紫相坐命』的人之六親關係都不太好，因此沒有幫手及貴人。**父母宮是『天梁居陷』，**表示本來一出生就應該是有貴人的，但『天梁居陷』，也無法當他的貴人了。反而他是父母的貴人。**兄弟宮是『天機、巨門』，**兄弟姐妹二、三人，但多爭吵不休。**夫妻宮是『貪狼居平』，**表示對情人、配偶也不太了解，只是看外表不錯就結婚了，而有晚婚現象。**其人的僕役宮為『空宮』，有『機巨相照』，**表示朋友運不強，如果有『火星』或『鈴星』進入僕役宮，就會有『古怪、但偶而出現之朋友』，因此助力不大。如此一來，『紫相坐命』的人都是自己打拚，沒法子靠他人成功。但他們是貪心的人，很希望嫁娶有錢的老婆或夫婿，以求少奮鬥二十年，結果卻常受騙而被綁住。

因為『紫相坐命』的人最容易和『破軍坐命』的人看對眼了。『破軍坐命』的人大膽、直接，很容易控制『紫相坐命』的人為其勞役。所以『紫相坐命』的人之配偶及朋友大多是『破軍坐命』的人，他也很欣賞『破軍坐命』者的行動功力和大膽的作風，因此會形成天生一對。

『紫相坐命』的人，不太看得起父母，因為父母能力差，也與長輩的關係不佳。他們不太會和長輩相處，常會躲著長輩。在校的師生關係也平淡，不會主動發問，老師看他相貌還忠厚、溫和，就算他與同學發生衝突打架的事情，老師對他也放輕處罰，不會太刁難他，這是他命宮有『紫微』受人敬重之故。

『紫相坐命』者的財富多寡，須要用『八字』來斷，命中財星多又成格局的人，會出生在較有錢但多是非雜亂之家。也要看子嗣多寡以定能存留之財富的多寡。**因為其田宅宮為『空宮』，相照的星有『太陽、太陰』**，又是一強一弱的狀況，田宅宮是人之財庫，為『空宮』，就是狀態不明，有『日月』相照，就是時運好的話，能生多個子女，否則只有一、二個。子女多而且健壯的話，相對能儲存的財富也會多。

『紫相坐命』的人，首先要弄清楚他內心最想得到的事物，用交換條件，以物易物是最直接而快速的方法。若沒有籌碼與之交換，則需以耐心、動之以情、施之以理，用講理的方式來協調也會成功。

命宮中有『羊、陀、火、鈴』同宮或相照的人，思想反覆無常，常是已經被說服後又反悔，比較麻煩。

『紫相坐命』的人之六親宮都不太好，要向他攻心先有點難度的。首先你要針對『紫微』這顆星要多捧一捧他，多給他戴些高帽子是少不了的，再針對『天相』這顆公道星，喜歡講道理的星，動之以情和理。『紫相坐命』者口才很好，更會說理，如果你的口才差，說不過他，就最好以行動或禮物代替，不要和他辯理了，否則三天三夜也沒結果。

如果你是『紫相坐命』者的同事或兄弟姐妹，你們會經常的吵吵鬧鬧、鬥嘴鬥個不停，但某些時候還是要尊重他一下，不要撕破臉、傷了感情。如果你有特別的事要求他幫忙，送他禮物，或噁心一點的奉承、巴結，也都能得到他的歡心，而能攻心了。

如果你是『紫相坐命』者的父母，你一向是最沒架子的人，此時要對子女攻心，自然多說些溫情主義的話較貼心，但不要拚命跟『紫相坐命』的人訴苦，否則他會更看不起你，而不想管你的事，你如果用以退為進的手法，多向他懺悔沒能照顧他多一點，而感到悔恨，說不定他會更想幫助你，給你多一點錢財來解決問題。

如果你是『紫相坐命』者的配偶，要看你是何命格的人，就會有不同的做法。如果你是『破軍坐命』的人，和『紫相坐命』者是天作之合，思想和處事方式、價值觀都相似，所以你們很相合，你能直接對他攻心。如果你是『七殺、貪狼』或『紫、廉、武』命格的人，你只知道配偶很忙，但不一定知道他內心在想什麼？大致價值觀還類似，但你有自己的主見及忙碌，不會太在意他的內心世界，直到他有外遇或要離婚了，你才開始煩惱！你如果要對他攻心，則常注意他的一些行動與小動作，為他料理衣食，讓他過舒適的家居生活，就是直接對他攻心。

因為『紫相坐命』的人，仍是注重衣食、喜歡享受高級品，雖然他自己不太會收拾東西，但希望有人來為他料理好，所以有人為他準備他喜歡的食物和衣著，就讓他真心歡喜很久了。如果你是『機月同梁』格的人，你們夫妻會漸行漸遠，你無法瞭解他的內心想法。

如果你的老闆是『紫相坐命』者，那你最好是老闆的最佳秘書與軍師兼行政人員、執行人員，因為你的老闆常會把文件、樣品東放西放找不到，你要記得這些重要物品的放置處，平常要多提供老闆商業情報與應對方法，更要有執行力，獨當一面的能力，把事情做好，讓公司、工廠賺到錢，那你就能立即對『紫相坐命』的人攻心了！

如果你的下屬是『紫相坐命』者，那你可要小心，他常常會向你建議改善方法，無論是公事上，或你對長官的言行舉止上，都是他想改革的方向。他自以為用誠懇的方式向你建議，如果你不照他的方式改，他就會對你失望，繼而想辭職，另謀他就。因此，你的屬下如果是『紫相坐命』的人，如果他又已向你提出建議改革計劃了，接下來你就準備接到他的辭職信吧！如果你想留住他，那可不是件簡單的事！『紫相坐命』的人始終會對上司、長輩與上司既定政策有不滿之處，慰留一次、兩次，最後還是會離開，但日後如果他自己成為老闆之後，因為上面已無人可再攻擊，他所對待的都是下屬，他就會性格穩定得多，不滿與怨天由人的狀況會減少消失。

『紫相坐命』者的人氣增強術

『紫相坐命』者的六親關係都不算好，表示他要對別人採取『攻心』策略的方式似乎應多加練習與學習。有些『紫相坐命』者的父母還是有些房地產的，如果這個『紫相坐命』者想得到遺產，勢必要對父母攻心。這時要反過來多照顧父母，真正做父母的貴人，如此能得到遺產。

『紫相坐命』的人，常看到同伴或同事與長輩或老闆的感情好，可以相互說說笑笑，好生羨慕，但他與長輩及老闆單獨相處就很尷尬，

人氣增財術

沒一會兒就想溜走了，因此要對長輩或老闆拍馬屁及『攻心』，就是高難度的任務！故而，你最好先觀察你的同伴或同事，是如何和長輩或老闆相處的。他們在談些什麼？你的同伴或同事用了那些詞句和老闆對答如流、態度又是什麼樣的狀況？許多細節都要注意。反覆鑽研就能掌握和長輩、老闆相處之道了，如此你再也不會害怕與長輩、老闆相處了。

『紫相坐命』的人在幼年無法得到父母的良好照顧，在學習禮貌方面是較差的，但他們自己不覺得，有時候他的稍為注意一下普通的禮貌，就覺得自己太有禮貌了，實在不必對別人太好！這是他自以為是的想法。雖然別人對他們沒禮貌沒有當場指責，實際內心已給了如此的定見，在日後就不會有太多的機會留給此人。因此『紫相坐命』的人是貴人不多的，這也是他自己造成的！

『紫相坐命』的人，大致跟同輩的人或晚輩的人關係較好一點，較不會緊張，但這些人對他助益並不大，在一起就是吵鬧玩樂、鬥嘴而已。『紫相坐命』

的人也不會想向他們攻心，那就順其自然好了。不過他的朋友及其兄弟姐妹的關係，也是一陣子是一票朋友，過一陣子又換了一票朋友。兄弟姐妹也常常沒聚在一起，相處的時間也會一陣子、一陣子的。

第四節 『紫貪坐命』者的人氣增財術

『紫貪坐命』卯酉宮

天相(得) 巳	天梁(廟) 午	廉貞(平) 七殺(廟) 未	申
巨門(陷) 辰			酉
命宮 紫微(旺) 貪狼(平) 卯			天同(平) 戌
天機(得) 太陰(旺) 寅	天府(廟) 丑	太陽(陷) 子	武曲(平) 破軍(平) 亥

武曲(平) 破軍(平) 巳	太陽(旺) 午	天府(廟) 未	天機(得) 太陰(平) 申
天同(平) 辰			命宮 紫微(旺) 貪狼(平) 酉
卯			巨門(陷) 戌
寅	廉貞(平) 七殺(廟) 丑	天梁(廟) 子	天相(得) 亥

『紫貪坐命』者的天界庇蔭與人界生活

天界庇蔭守護神：

紫貪坐命者的守護神是北斗星君與八仙及關聖帝君。雖然在《封神榜演義》中說妲已被封為『貪狼神』，但『貪狼星』為好運星，不只有桃花、貪念而已，仍有許多與異性、事業上的好運作為。故有八仙和北斗星君及關聖帝君來一同守護『紫貪坐命』的人，讓『紫貪坐命』者趨吉避凶的力量更強及單純化。因此，當家中有『紫貪坐命』者的小孩誕生時，表示家中正有人緣機會要被改善，家中所面臨的一些衝突正被化解當中。因此家中的人（包括其父母）漸漸能看到一些好運機會了。

人界生活處世：

『紫貪坐命』的人，除了有『火貪格』及『鈴貪格』之外的人，

人氣增財術

本身並不覺得自己有多少好運。這是因為其命宮的『紫微居旺、貪狼居平』之故。好運星『貪狼』只居平位。『紫貪坐命』的人其實多半只靠『紫微』的力量趨吉避凶，及恢復平順，因此對好運的感覺不強。

『紫貪坐命』的人桃花強，這種桃花多半是人緣關係方面的因素。你也可發現，『紫貪坐命』的人多半出生在父母或家族是人緣關係不好的家庭中，或是父母當時正處在人緣關係不佳的境況裡。但此人出生後，父母就能適應此種生活。

舉例：我有一位老師的女兒是『紫貪坐命』的人，師母常談及女兒出生時，夫婦剛到法國留學，語言不行，又人生地不熟，養小孩份外辛苦，但法國給新生嬰兒很多福利，夫婦倆想拿這些福利，帶著這個新生的嬰兒，於是得到許多幫助，也因此認識一些華人，漸漸可在當地生活下來，後來其父母才拿到博士學位。所以『紫貪坐命』的人，天生就是給家庭裡送一點生活上的好運來的，但這種好運也不會太多，足夠生活而已。

『紫貪坐命』的人天生有桃花運，命坐酉宮的人比命坐卯宮的人桃花要強，這是因為酉宮有金能生水之故，這些天生的異性緣使他們能不費吹灰之力，就有異性靠近、貼近。也有人天天捧著他們，使他享受呵護之樂。

在命理上，凡是桃花太強的人，都會桃花敗事，而無成就。現今有名的人，如美國前總統柯林頓及我國前國防部長陳履安先生都是『紫貪坐命』的人，兩人也因桃花問題使事業蒙羞。

『紫貪坐命』的人，除非己年生人『有貪狼化權』在命宮，會對事業貪心一點，實際並不太貪心，因為他們的『貪狼星』是居平之故。『紫微、貪狼』入命，『紫微』五行屬土，『貪狼』五行屬木，其實是木土相剋的局面，**如果命宮在卯宮，**是木旺土弱的局面，土又為木之財，所以會辛苦賺錢。因木多的關係，較會用文職事物來賺錢。**命坐酉宮時，**土木相剋，又坐在酉宮，五行屬金的宮位，金木又相剋，土金傷官。故命坐酉宮的人，多從武職（軍警業）。

『紫貪坐命』的人其財帛宮為『武破』，官祿宮為『廉貞、七殺』。表示手上可流動的錢不多，手中常鬧窮，而工作須拚命努力，其實並沒花太多腦力而做工作。你的工作型態就是這樣的。『紫貪坐命』的人的遷移宮是『空宮』，表示環境不明，他也從來不想瞭解自己周遭會發生什麼事，總是覺得『船到橋頭自然直』。因此總是靠自己天生的趨吉避凶的力量或好運在過日子。

『紫貪坐命』的人，除非有『火星』、『鈴星』在命宮或遷移宮出現，會有暴發運，但其人也性情古怪，會很少和人連絡，偶而會和人應酬，要看他的高興了。其他的『紫貪坐命』者很少會發富的，只會過平常的公務員生活，他們是不太會理財、手頭鬆、對理財沒有概念。

『紫貪坐命』者，一生在六親關係中最好的是夫妻宮為『天府』，有財多感情好的配偶。子女宮為『太陽』，子女多性格開朗、好養，且易生男丁。『紫貪坐命』的人自己不太會理財，但會找到會理財、本身娘家又富足的配偶，可供給他花用，十分好命，未來子女也懂得回報。

『紫貪坐命』酉宮的人，兄弟緣弱一點，如果兄弟宮有『化忌、羊、陀、劫、空』出現，就會有刑剋緣薄現象了。『紫貪坐命』者最大的六親問題，由於父母宮和僕役宮不好，父母宮為『巨門陷落』，表示父母對他管教嚴，又早逝或離開（生離死別），因此『紫貪坐命』的人常有無父母之遺憾，也自然他的青少年時代是過得不好又辛苦的。『紫貪坐命』者的僕役宮為『空宮』，有『機陰相照』，表示朋友運及屬下運不強，命坐卯宮的人跟姐妹與女性朋友還交情順暢。命坐酉宮的人，雖有桃花，但與女性友人會有磨擦不合，這是最需要攻心的關係了。如果『太陰化忌』或『天機化忌』在兄弟宮相照僕役宮的人，就不須向友人、下屬或兄弟姐妹攻心了，因為你無論怎麼做，都是會惹是非、不歡而散的，這是無緣的緣故。

從命理上來講，命宮『紫微』，或『紫微星』在『財、官、遷』的人，多半會做公職或公教人員。

『**紫貪坐命**』**的人**，雖一生賺不到富翁級的財富，但福德宮為『天相』、田宅宮為『天梁居廟』，表示一生衣食無缺、生活愜意，而且有公家給的房地產或祖上留下的房地產，自然有上蒼幫忙照顧他的財庫（田宅宮就是人的財庫）。因此十分好命。

對『紫貪坐命』者多送高帽、拍馬屁

『紫貪坐命』的人一向愛面子，這種性格比其他『紫微』星曜坐命者更為嚴重，因此面子問題是他們最重要的考量。其次是酒色財氣、升官發財上的利益最讓他們心動，能把握此兩項重點，其實已掌握了他們的命脈要害。

『紫貪坐命』的人很喜歡平安無事、好事多多，完全無麻煩發生的假象。所以你只要在他面前少說喪氣的話，每天都是吃得好、穿得好、天天沒煩惱，他就會十分喜歡你，認為你是個吉星，而對你好了。年紀大的『紫貪坐命』者就是如此。

『紫貪坐命』者最怕麻煩，有麻煩的事最好別找他，他也會溜得很快，不想沾惹。如果你想巴結他、向他攻心，或是想探聽他所主掌的公務，請他喝酒，酒後吐真言，你就不費吹灰之力得到想知道的一切了，另外他也逃不過酒色財氣及銀彈攻勢。

如果你要向『紫貪坐命』者的老闆拍馬屁，請他喝酒，一定要到高級酒店或酒廊，有異性作伴，再多捧捧他，再加點激將法，萬事可成。

如果你要向『紫貪坐命』者的朋友、同事或下屬攻心，到好一點的餐廳即可，席上要有異性同坐，或是他們所喜歡的人一起，氣氛就會很好，讓他十分開心而能攻心成功。

如果你要向『紫貪坐命』者的父母或長輩攻心，你的父母或長輩既然是『紫貪坐命』的人，自然會高高在上、氣指頤使，你要學著報喜不報憂，每天尊他為太上皇一樣，好的禮物（要他看得上眼的、有用的）要奉上。說話用辭要恭敬，否則一不小心他又生氣了。如果再能陪他玩耍他喜歡的遊戲或唱歌跳舞，這就再完美不過了，一定能攻心到底的。

『紫貪坐命』者的人氣增強術

『紫貪坐命』的人其實並不在乎其他人快不快樂？高不高興？也不覺得對別人有攻心的重要。除非他想升官，或想賺錢，而有某人正是關鍵，才會想向此人攻心。首先你得放下身段，當個小弟、小妹來巴結人。如果你做不到，可請你的配偶或男、女朋友幫忙一起來請這個關鍵人吃飯宴飲或送禮。千萬別請你的父母幫忙，否則會愈幫愈忙，因為只有你的配偶或男、女朋友才會幫你的忙。如此，你就會人氣增強成功，達到你的目的了。

第五節 『紫破坐命』者的人氣增財術

『紫破坐命』丑未宮

廉貞(陷) 貪狼(陷) 巳	巨門(旺) 午	天相(得) 未	天同(旺) 天梁(陷) 申
太陰(陷) 辰			武曲(平) 七殺(旺) 酉
天府(得) 卯			太陽(陷) 戌
寅	命宮 紫微(廟) 破軍(旺) 丑	天機(廟) 子	亥

巳	天機(廟) 午	命宮 紫微(廟) 破軍(旺) 未	申
太陽(旺) 辰			天府(旺) 酉
武曲(平) 七殺(旺) 卯			太陰(旺) 戌
天同(平) 天梁(廟) 寅	天相(廟) 丑	巨門(旺) 子	廉貞(陷) 貪狼(陷) 亥

『紫破坐命』者的天界庇蔭與人界生活

天界庇蔭守護神：

『紫微、破軍』坐命者的守護神是北斗星君，與大殺將『破軍』

的守護神原先是蚩尤，《封神榜演義》以『紫微星』的代表伯邑考及紂王為共同守護神。後代以關聖帝君為守護神來膜拜。『紫微』是一顆福星，能復建又自己能趨吉避凶，能把壞的環境或運氣變好。『破軍』是一顆好戰之星，喜破壞及消耗。

『紫微、破軍』在一起，『紫微』能剋制管束住『破軍』的過度囂張跟跋扈。但仍防止不了破耗的程度。『紫微』能把『破軍』的衝動打拚導向正途的努力奮鬥。

凡是家中有『紫破坐命』者的小孩誕生，這表示此家庭中有好一陣子是過富裕太平日子了，家運已旺逾其度，現在開始要走下坡了。因此需要此人來奮鬥、打拚，及力挽狂瀾。但是他未必能達到父母的願望，也有一種情形是這樣的，某些大家庭要家道中落時，會生出『紫破坐命』的小孩，還有一種情形是貧困的家庭中也會生出『紫破坐命』的

人氣增財術

小孩，因為家中有很多問題很又混亂，須要此人來打拚奮鬥。

人界生活處世：

『紫破坐命』的人，從小長得很體面、性格強，父母拿他沒辦法，疼愛有加，其人在家中也是小霸王一個。**其人的父母宮雖是『空宮』，但有『同梁相照』**，因此是『紫微坐命』之中，和父母、長輩緣稍好的命格，**其人的兄弟宮為『天機居廟』**，表示兄弟姐妹可多至二、三個，有的更多。但多是非，兄弟是聰明，但多爭執的人，彼此不合。**其人的夫妻宮為『空宮』，有『廉貪相照』**。表示婚姻運不佳，會嫁娶到品行不端的人。**但在命書上說『紫破坐命』的人易『淫奔大行』**，是指『紫破坐命』的人在戀愛觀上，及婚姻觀上較大膽開放，易與人私奔，或再娶再嫁，會有多次婚姻，亦或同居不結婚。此命格的人是感情複雜多變的人。

『紫破坐命』者的子女宮是『太陽』，表示生兒子多，子女性格不拘小節，有時也會少一根筋。命坐未宮的人，子女宮『太陽居旺』，表示子女未來工作事業較旺盛。命坐丑宮的人，子女宮的『太陽居陷』，表示子女未來的工作能力不強，子女性格也較悶。**『紫破坐命』者的僕役宮為『巨門居旺』，**表示朋友部屬之間多是非口舌、紛擾不斷。『紫破坐命』者到是可和年紀比自己大的朋友交往，會對你有助益。同輩的朋友或事相互之間爭執多，容易不合。

『紫破坐命』者的遷移宮是『天相』，表示他周圍的人都溫和、乖巧，會為他料理事務。**命坐未宮的人，**其遷移宮的『天相居廟』，而且其田宅宮為『太陰居旺』，因此財富較多，享受好一些，也有多棟房棟房地產。**而命坐丑宮的人，**其遷移宮的『天相居得地』剛合格之位，周圍環境享福的狀況會稍差一些，並且其田宅宮為『太陰居陷』，不一定會有房地產，而家中財庫也是常阮囊羞澀，十分不富裕。『紫破坐命』的人，如果有『文昌、文曲』在命、遷二宮出現，是主窮的格局，其人會外表斯文、美麗，但窮命，會好享受，貪得無厭，多淫色桃花，好吃懶做，一生少成就，一生會因錢財問題依附他人生活。

『紫破坐命』的人，如果有『擎羊』在命、遷二宮出現，即有『刑印』的格局，也會財少、刑財、性格懦弱、做人做事無法負起責任、膽小怕事，也會少成就。

『紫破坐命』的人是財帛宮為『武曲、七殺』，這是『因財被劫』的格式，會賺錢少而辛苦，常用勞力賺錢，做武職較好，做文職賺錢更少，也會常常收不到錢，或被扣錢，因錢財問題和人起衝突。其人的官祿宮為『廉貞、貪狼』俱陷落。表示其人會做沒有名份的工作，或職位不高的工作。例如有些人會做秘書或助理之類的工作，都是屬於沒有名份的工作，或根本無職稱。『紫破坐命』者多為藍領階級，在工廠上班，做工頭之類。有些做賣房子、工地銷售員之類。『紫破坐命』的人對於賺錢很積極、實在，剛開始也不會計較名份，直到做久了之後，才會計較跟別人比較的差異性。

『紫破坐命』的人不能投資及做生意，容易失敗及揹債。只適合做公職或大機關工作，自己開業做工廠或開公司都做不長。這是因為他們根本就不瞭解生意場合或投資上的知識，只是看別人這樣做而跟著做，自然會失敗。

舉例：我有一位學生是『紫破、擎羊』在命宮的人，三十多歲自己開了一家對外貿易公司，可是開了三年生意都沒開張，公司就設在家裡，不必付租金，只花些郵寄費寄往國外的貿易商來找生意，有一天他問我，為什麼三年多了，都沒生意，我替他一一檢查公司名字，及找生意的方法，發覺現在已是網路時代了，他還在用寄信的方式向某些特定的國外進口商做試探動作。國外這些進口商已是有成就的公司，自然有自己長期合作的對象，對於陌生的公司，自然不太會理會。除非他的合作對象發生問題，要再重新找合作對象，這種狀況就要碰機運了。其次又看到他的名片上只有他自己的名字，沒有職稱，公司名字其字也打的很小，看起來頗有自卑的感覺。如此，如何能找到生意呢？**我對他說：『你應該先去學習如何做生意，再開公司，不要在此長期等待。』**他說他自己就是國際貿易系畢業的！可見沒有實務經驗，貿然開公司仍不妥的。我建議他先去別的貿易公司工作一段時間，做個三年、五年再自己做，才較妥當，不要浪費時間等待了。**這位學生本命是『刑印』又『刑財』的格局，十分頑固，夫妻宮有『陀羅』，又很笨，根本就不適合自己開公司，**卻頑固不肯聽人勸，可以說是笨又思想古怪，只想到做成功了會賺到很多錢，但要如何成功，卻絲毫不花心思去想，也算是人中奇葩了。

『紫破坐命』的人，命中財多的人（用八字看），也能做民意代表、議員之類的，成就很高。但他們的命盤格式中總是兩、三年好，又兩、三年差，運程起起伏伏，前運、後運多顛跛，因此較為辛苦。**在他們的運氣中，以巳、亥年的『廉貪運』和卯、酉宮的『武殺運』最為辛苦。命坐丑宮的人，又有『日月反背』格局，**又會多了辰、戌二宮的『太陽陷落』和『太陰陷落』兩個窮運，因此辛苦更甚。並且，『紫破坐命』者的人想要有『陽梁昌祿』格較難，因此也難用讀書及增高學歷的方式來達成人生成就或賺大錢。

對『紫破坐命』者送高帽子與信心

『紫破坐命』的人，喜歡假裝很講理，又注重公平的原則，常常會懷疑別人在欺負自己。因此你只要給足他面子上的虛榮心，讓他感覺自己沒有吃虧，而且利多於弊，他就會欣然被你說服了。

『紫破坐命』者的兄弟宮、僕役宮、夫妻宮、官祿宮都不好。如果你的兄弟姐妹有『紫破坐命』的人，你應該瞭解他是個好辯、好講理的人，話多又頑固，可以跟你辯上三天三夜，為了減少麻煩起見，最好不要和他強辯，以防不能脫身及惹毛了他。他也喜歡戴高帽，多稱讚他有知識水準，會讓他得意洋洋。『紫破坐命』的人也喜歡吹噓說大話，只要能抓住機會要他幫忙，你也能佔到不少的便宜，但要小心他隨時會向你借錢。

如果你的配偶或情人是『紫破坐命』的人，你最好不要是個醋罈子，去追他以前的戀情或同居人，其實你可能也有感情上的創傷或很多經歷，這樣對彼此都好，如果你是初次戀愛或結婚就遇上『紫破坐命』的人，未來你也要好好經營婚姻，如此才會長久。

『紫破坐命』的人很會吹噓自己的戀情或夢中情人，用此來故意逗弄現任情人或現任配偶，結果弄得氣氛很壞，自己又得不償失。實際他們談戀愛的手法很粗糙，無論男女，總是以發生關係的佔有慾為終端，因此你若是『紫破坐命』者的情人或配偶，對他攻心的方法，是床上解決就行了。

如果你的父母或長輩是『紫破坐命』的人，他們是又要擺威又愛擺排場的人。你要向他攻心，最好是錢財和禮物都要準備好，數量和價值要達到一定水準，就能表達你的誠意，也就能真實的向他攻心了。

如果你的子女或晚輩是『紫破坐命』的人，你想向他們攻心時，也是要多耗費錢財的，請他們吃喝高貴的餐廳，或給些大紅包，就能對他們攻心攻到心了。

如果你的朋友或下屬是『紫破坐命』的人，你要小心他隨時會向你借錢，或找事給你做，因為這樣才表示把你當作做好朋友。他會主動的找你，如果你要向他攻心，只要應付這些事就可以了。不過你如果找他幫忙，他也會和你有互動關係而幫助你的。

如果你的老闆是『紫破坐命』的人，你想向他攻心，記得多拍馬屁，多說貼心的話，『紫破坐命』的人雖有時小氣，但有高帽可戴和馬屁攻勢，終究還是會大方的請客及給你加薪的。

如果你的同事是『紫破坐命』的人，要成為他的死黨，向他攻心，多準備些銀兩等他來借，當他衝動而出了蹩腳，幫他擦屁股、料理善後，這些都是攻心的方法。別忘了，『紫破坐命』者的遷移宮是『天相』，你就是他周圍環境中為他料理善後的那個人。

『紫破坐命』者的人氣增強術

『紫破坐命』的人一向我行我素，自視甚高，很少想到向別人攻心的。但有時會在升職、升官的議題上，要向老闆攻心。你最好先前先打拚、努力奮發一點，在工作稍有表現，讓老闆有所注意，再在聚會或能與老闆相處的時間裡，稍為提一下，就能對老闆攻心了。

『紫破坐命』的人如果要對配偶或情人攻心，最好少稱讚別人的情人或配偶，多稱讚自己的老婆或夫婿。眼睛和心都要跟著你回家，也要買有價值的禮物送給自己的配偶和情人，才能真正對配偶和情人達到攻心效果。

『紫破坐命』者如果想向朋友攻心，就要少吹牛，多談些真實的事情或見聞，多談談彼此間以前過往懷舊的故事，浸沉在以前美好時光中，是向朋友攻心最好的時刻了。

第六節 『紫殺坐命』者的人氣增財術

『紫殺坐命』巳亥宮

命宮 紫微(旺) 七殺(平) 巳	午	未	申
天機(平) 天梁(廟) 辰			廉貞(平) 破軍(陷) 酉
天相(陷) 卯			戌
太陽(旺) 巨門(廟) 寅	武曲(廟) 貪狼(廟) 丑	天同(旺) 太陰(廟) 子	天府(得) 亥

天府(得) 巳	天同(陷) 太陰(平) 午	武曲(廟) 貪狼(廟) 未	太陽(得) 巨門(廟) 申
辰			天相(陷) 酉
廉貞(平) 破軍(陷) 卯			天機(平) 天梁(廟) 戌
寅	丑	子	命宮 紫微(旺) 七殺(平) 亥

『紫殺坐命』者的天界庇蔭與人界生活

天界庇蔭守護神：

『紫殺坐命』者的守護神在《封神榜》中以周文王的長子伯邑考及紂王大將軍黃飛虎為共同守護神。後代則以北斗星君和關聖帝君一起為守護神來膜拜了。

家中會誕生『紫殺坐命』的小孩，多半父母是薪水族，靠一點死薪水過日子。父母又是溫和、慵懶、競爭力不太強的人，想要努力又後繼無力，當時運氣又還不差，因此會生下『紫殺坐命』的小孩來幫他打拚。

『紫微』是一顆復建、趨吉，能使一切變吉善的星曜，**『七殺』是殺星、煞星**，要爭戰、掠奪，否則不能安份。因此『紫微星』花了很多力量來鎮壓此顆殺星，使之導向正途的努力打拚，而不是傷害生靈的努力打拚。**再者，『紫殺同宮』時，『紫微居旺、七殺居平』，**殺星（煞星）在平陷之位，凶悍更甚，因此『紫微』的趨吉制凶的力量都會用在制服『七殺』了。所以當『紫殺坐命』的人要與一般『紫微系列』命格的人來比接受別人喜愛的好運道是會差一點的。

人界生活處世：

『紫殺坐命』的人，多半誕生的家庭不富裕，但亦有衣食，他一生下來，父母的經濟狀況就突然變好一點了。因為他的遷移宮是『天府』，表示他是會為父母帶財來的人，他也會影響周圍環境變有財、變稍富裕一點。更重要是，沒有衣食無缺的環境，他也不會來到你家，所以『紫殺坐命』的人多半有父母從小為他努力張羅吃穿用度。而『紫殺坐命』者在成年之後也會奉養父母，與父母感情好。

『紫殺坐命』者的六親關係中，都是他照顧六親較多的模式。例如：**他的兄弟宮是『機梁』，**表示兄弟姐妹是有小聰明、成就沒他高，彼此偶而照顧一下，但幫助不大。**他的夫妻宮是『天相陷落』，**表示配偶個子矮小瘦弱及懦弱的人，會依賴他生活。**子女宮是『陽巨』，**其子女是愛吵吵鬧鬧，彼此不合的人。**其僕役宮為『空宮』，有『機梁相照』，**朋友運也不強，也會交到有小聰明，但沒實力的人。所以『紫殺坐命的』人都是照顧別人比較多的人。這主要也是因為『紫殺坐命』者比較會賺錢之故。

『紫殺坐命』者的財帛宮是『武曲、貪狼』，剛好是『武貪格』暴發運格，因此常有意外的機會能賺到錢。『紫殺坐命』者的性格重承諾，外貌又忠厚穩重，因此別人也會把生意給他做。不但如此，『紫殺坐命』者還每逢生在牛年、羊年就有暴發運，會在工作上出人頭地，或暴發財運。因此事業能有成就的機會比別人高出許多來。自然會在周遭的朋友或家人中鶴立雞群，一枝獨秀了。

『紫殺坐命』者，以坐命巳宮者比坐命亥宮者好，坐命亥宮者其出生家庭更窮，父母更窮，幼年生活也較辛苦。

『紫殺坐命』者的官祿宮是『廉貞、破軍』，表示工作場合上爭鬥多、競爭激烈，或破破爛爛，或雜亂的場所。我所遇到過的『紫殺坐命』者有開鐵工廠的、有在電子公司工作、零件多又雜亂，有在賣房子、土地，賣房子的，工地會很雜亂，有在卡通公司畫卡通的，工作場所很雜亂。

我的學生說她的女兒是『紫殺坐命』的，她看到我的書上說『紫殺坐命』的工作都會是破破爛爛，或很雜亂的場所，很不以為然，她說要讓女兒學鋼琴，將來工作就會有氣質了，她不瞭解樂團排練場所也是很雜亂的，而且音樂這個圈子是競爭很激烈的。果不其然，其女兒多次鋼琴競賽都未入圍，要做鋼琴家或鋼琴老師是要經過長期的訓練及練習，更要有天份才行。**『紫殺坐命』的小孩，是慢性子的人，並不特別聰明**，也可能會更笨一點，其實『紫微命格』的小孩都較笨，反應慢，這也是他們看起來較穩重一點的緣故，他們絕不會像『天機坐命』的小孩那麼靈活，因此學習能力也慢。每個人有每個人的性格，各有各的好處，是強求不來的。

『紫殺坐命』者的田宅宮（財庫）是空宮，有『陽巨相照』，只要田宅宮沒有『煞星』進入，就表示會生多少子女，就會有多少財產及房地產，子女愈多，房地產愈多。會出生子女是和人的精力有關，故子女多，表示精力足，賺錢的能力也好，故能多積蓄財富和房地產，如果家中子女少，財富也存不住。

『紫殺坐命』者的福德宮也是空宮，有『武貪相照』，表示『紫殺坐命』者天生愛錢、愛賺錢。這要看他本命八字中有多少財，就能賺到多少財富，通常『紫殺坐命』的人會不顧一切的努力工作、去拚、去贏。但福德宮如果有『羊、陀、劫、空』進入，就表示他先天的財沒那麼多，因此他不太拿得到，享受得到那麼多財富了。如果有『火星』或『鈴星』在福德宮裡，和財帛宮形成『雙暴發格』，其人會性情古怪，但也會暴富，人生變化多端，亦喜亦憂了。

對『紫殺坐命』者多送高帽

『紫殺坐命』的人，也喜歡講理，喜歡正正派派公平的交易。『紫殺坐命』的人，很主觀，不喜歡別人來教他怎麼做，因此想說服引導『紫殺坐命』的人是需要下許多軟功夫和做一些準備工作的。你必須把自己的理由合理化，再用以柔克剛的方式與他協商。說服的技巧在於至情、至理、好言相勸、分析厲害，然後可以水到渠成。

如果你的父母或長輩是『紫殺坐命』者，你最好乖乖聽話，平常少嚕嗦，乖乖做好你份內的事，餘暇能幫助弟妹，父母就會特別疼愛你了。請勿挑戰父母的權威、知識、能力，會讓父母很痛恨，這樣你會常常受到懲罰，寵愛偏心也不會偏到你這邊來了。

如果你的兄弟姐妹是『紫殺坐命』者，你想和他增加感情的親密度，只有多觀察他做事及思考方式去配合。『紫殺坐命』者喜歡做有道理的事，也自滿於自己的判斷力，因此千萬別嫌他慢、嫌他笨。這樣就會萬劫不復，從此不相往來了。

如果你的配偶是『紫殺坐命』者，你除了要忍受他強硬的脾氣外，其他都很好命。因為他會把家中大小事都照顧好。不過你做任何事也要得到他的同意才能做，他是控制慾很強的人。在在家中，家庭就是他的城堡，他就是國王、皇后，因此大家最好按照規律化的方式在作息，這樣就會相安無事。你要對配偶攻心的方法就是更卑微、更以他為生命中的主宰，讓他更享受君王高高在上的喜悅與控制，這樣他也會對你更好！

如果你的子女是『紫殺坐命』者，你除了甘心做孺子牛之外，也不要對他有太多期望與壓力，因為『紫殺坐命』的小孩自有主見，雖然你常想影響他，但也必須是他所喜歡及願意的事，他才會去做。否則他也自有一套對付你的方法。『紫殺坐命』的人一生賺錢的好運很多，不過要到三十歲以後才會開運，這是『紫微在巳』及『紫微在亥』兩個命盤格式共有的特質，因此三十歲以後，他一定會找到他賺錢的路而一路亨通。

人氣增財術

如果你的老闆是『紫殺坐命』者，他最喜歡的是聽話又勤勞及有忠誠度的員工，因此你的意見不要太多，更不可頂嘴，及有相反意見，這會讓他覺得你故意和他做對而心生反感，那你將另找工作的時日也就不遠了。

如果你的同事或屬下是『紫殺坐命』者，你要瞭解他只會做自己份內的工作，不太會管別人的事，除非你特別拜託他幫忙，否則他只會冷眼旁觀。另一方面要看你本身是否為『紫、廉、武』或『殺、破、狼』坐命的人，這樣你會較贊同『紫殺坐命』者的處事態度。如果你是『機月同梁』格坐命的人，你會很難瞭解『紫殺坐命』者為何總是硬梆梆的處理事情，也沒法子瞭解他內心在想什麼？不過『紫殺坐命』的人愛自己做主張，做決定，不太向上級報告，或先斬後奏，這常會讓身為上司、主管的你不太開心，不過，如果他真有能力的話，我想你還忍耐一下好了，如果干涉太多，他也會很快就辭職不幹了。

『紫殺坐命』者的人氣增強術

『紫殺坐命』的人很少覺得有必要有求於其他的人。他自己賺錢能力好，也比別人過得富足，雖忙碌一點，但凡事平順、大多數的時間都是別人有求於他，他很少會有求於人。故而沒有對別人攻心的必要！

不過，唯一讓『紫殺坐命』者想要攻心的對象，就是給他錢賺的客戶、顧客，或是發薪水給他的老闆了。所以你還是因為賺錢的問題想向人攻心。這時候，可展現你的口才去說服他的，及展現你的毅力去鍥而不捨的追蹤跟緊客戶，你的誠懇和守承諾的頑固意志，會攻入別人的心房，生意會給你做。如果你是勤奮的藝術家或上班族，也能用勤奮努力與你誠摯的表情，讓你想攻心的對象心悅臣服的接納你。

第二章 『天機命格』的人氣增財術

第一節 『天機坐命』者的人氣增財術

『天機坐命』子午宮

廉貞(陷) 貪狼(陷) 巳	巨門(旺) 午	天相(得) 未	天同(旺) 天梁(陷) 申
太陰(陷) 辰			武曲(平) 七殺(旺) 酉
天府(得) 卯			太陽(陷) 戌
寅	紫微(廟) 破軍(旺) 丑	命宮 天機(廟) 子	亥

巳	命宮 天機(廟) 午	紫微(廟) 破軍(旺) 未	申
太陽(旺) 辰			天府(旺) 酉
武曲(平) 七殺(旺) 卯			太陰(旺) 戌
天同(平) 天梁(廟) 寅	天相(廟) 丑	巨門(旺) 子	廉貞(陷) 貪狼(陷) 亥

『天機坐命』巳亥宮

命宮 天機(平) 巳	紫微(廟) 午	未	破軍(得) 申
七殺(廟) 辰			酉
天梁(廟) 太陽(廟) 卯			天府(廟) 廉貞(平) 戌
天相(廟) 武曲(得) 寅	巨門(陷) 天同(陷) 丑	貪狼(旺) 子	太陰(廟) 亥

太陰(陷) 巳	貪狼(旺) 午	巨門(陷) 天同(陷) 未	天相(廟) 武曲(得) 申
天府(廟) 廉貞(平) 辰			天梁(得) 太陽(平) 酉
卯			七殺(廟) 戌
破軍(得) 寅	丑	紫微(平) 子	命宮 天機(平) 亥

『天機坐命』丑未宮

巨門(旺) 巳	天相(廟) 廉貞(平) 午	天梁(旺) 未	七殺(廟) 申
貪狼(廟) 辰			天同(平) 酉
太陰(陷) 卯			武曲(廟) 戌
天府(廟) 紫微(旺) 寅	命宮 天機(陷) 丑	破軍(廟) 子	太陽(陷) 亥

太陽(旺) 巳	破軍(廟) 午	命宮 天機(陷) 未	天府(得) 紫微(旺) 申
武曲(廟) 辰			太陰(旺) 酉
天同(平) 卯			貪狼(廟) 戌
七殺(廟) 寅	天梁(旺) 丑	天相(廟) 廉貞(平) 子	巨門(旺) 亥

『天機坐命』者的天界庇蔭與人界生活

天界庇蔭守護神：

『天機坐命』者的守護神是《封神榜演義》中的姜太公。後代也以諸葛孔明與關聖帝君為『天機坐命』者的守護神來膜拜。這些守護神都賦予『天機坐命』的人智慧、善念、慈悲。斗數中說，『天機』屬木，星斗第三益算之善星，有靈機應變之智，佐帝令以行事，解諸凶之逆，定數於人命之中。因此，當家中有『天機坐命』的小孩誕生時，多半和父母當時的狀況有關，例如父親當時要職務變動，或是家中有遷徙或經濟狀況有變動。有時也是父或母忽然變得聰明，不管是那種狀況，其實都和錢財無關。當時並不會錢財增多，這是因為『天機』不主財，只主聰明和變化之故。

人氣增財術

人界生活處世：

『天機坐命』的人有一定的聰明度。但這種聰明度也會因命宮所在的宮位及本身星曜的旺弱有所高低變化。例如『天機』在子、午宮居廟最聰明，但是非多，而又以『天機』在午宮坐命者比『天機』坐命子宮的人聰明，這因為『天機』五行屬木，在午宮，木火相生，又主文采，故特別聰明。

其次『天機單星』坐命的人，以在巳、亥宮『天機居平』，而有小聰明，有小事聰明的應變能力高，除非有『陽梁昌祿』格的人，否則不喜把聰明用在讀書或學習上。這其中，又以在巳宮的『天機坐命』者比在亥宮的『天機坐命』者聰明。這一方面是『天機』屬木，在巳宮火宮，木火旺之故。另一方面因遷移宮的『太陰居廟』，不但有好的受疼愛、多財的環境會影響呵護他，因此他也特別聰明可愛。而坐命亥宮的

『天機坐命』者，因遷移宮的『太陰居陷』，周遭環境中財少、溫情也少，呵護也不足，因此聰明也沒人欣賞，故也顯不出多聰明了。

坐命丑、未宮的『天機居陷』坐命者，也有小聰明，因對宮有居旺的天梁相照，表示環境中都有長輩貴人照顧，因此不需太努力，也用不到太聰明了，其實用命宮的旺弱，我們就可看出，這些不同宮位命格的人，是何時誕生出來的了。**例如：『天機坐命』子、午宮的人**，是父母剛開始打拚，對賺錢的方法還不十分明瞭所出生的人。此時的父母也不太會應用金錢，也不會理財，又小心翼翼的注意自己的工作，維護著自己的工作的時候，這時候生出了『天機坐命』子、午宮的人，而此人出生後，父母的環境在蒸蒸日上往上處變化著。

『天機坐命』巳、亥宮的人，也是父母正在打拚，錢財並賺不多，只是在講求感情的滿足期許所生下的小孩。『天機坐命』亥宮的人，出生時亦可能是父母的感情也不十分穩固。**而『天機坐命』丑、未宮的人**，則是父母在低潮期所生下的小孩。父母常感嘆此小孩生的不是時候，對他感到歉意，故特別照顧他，因此有蔭星『天梁』在遷移宮之中。

『天機』單星坐命的人，父母宮都有一顆『紫微星』，表示父母都特別對他們好，會照顧他們，為他們料理一切，還會給他們很多財產，也會為他們犧牲，而他們的兄弟宮都不佳，和兄弟姐妹不合、無緣。『天機』單星坐命者在家都是非多，和兄弟姐妹爭吵不休，因為他們有小聰明、伶牙俐齒、牙尖嘴利，吵架有一套，再仗著父母的寵愛，更是得理不饒人。表面看，其兄弟姐妹是性格強悍的人，其實也有他本人自作聰明的結果。

『天機』單星坐命的人，夫妻宮都有一顆『太陽星』，『天機坐

命』子、午、丑、未宮的人，其夫妻宮是『太陽』單星。而『天機坐命』巳、亥宮的人之夫妻宮是『陽梁』。這表示其配偶都是性格寬宏、不拘小節，能寵愛他們，不會與他們計較的人。而『天機坐命』巳、亥宮的人，更有年紀長於自己，又能寵愛照顧他們的配偶，生活幸福。**只有『天機坐命』子宮、丑宮的人，其夫妻宮是『太陽陷落』，**表示其配偶性格內向、較悶，事業運也不佳。

『天機』單星坐命的人，子女宮都有一顆『武曲星』，但每個命格的子女也成就不一樣。例如『天機坐命』子、午宮的人，其子女宮是『武殺』，表示子女性格強悍，不好教養，未來子女也會較不富裕，而且他們在生育子女方面不會太順利。『天機坐命』巳、亥宮的人，其子女宮為『武相』，其子女可有二、三人，未來子女賺錢豐裕，衣食享受好。『天機坐命』丑、未宮的人，其子女宮為『武曲居廟』，其子女未來會做金融界或武職發展，有較多財富，但性格剛直，不好教養。

『天機』單星坐命者的僕役宮，都有一顆『廉貞星』，但狀況也不一樣，例如『天機坐命』子、午宮的人，其僕役宮為『廉貪俱陷』，表示朋友運不佳，朋友之間也常爭執吵鬧翻臉，朋友中也多品行不佳之人。『天機坐命』巳、亥宮的人，其僕役宮為『廉府』，表示交際應酬多，又喜歡交應酬，朋友間常往來，彼此是有計劃的交際應酬，十分熱衷做關係。朋友也對你有利，能幫忙達到你的願望。『天機坐命』丑、未宮的人之僕役宮為『廉相』，表示朋友都是不頂聰明，但會幫他料理雜事的人，故也算是好朋友運。由此看來，只有『天機坐命』子、午宮的六親關係是較差一點的，尤是是『天機坐命』子宮的人，六親關係全不好，其本人也該多深思一下了。

『天機』單星坐命的人，基本上都屬於『機月同梁』格，必須做薪水族，但對於上班族的工作不會太賣力，錢也賺不多。有些更沒有工作能力，他們天生來享父母的福氣的，不過，有『陽梁昌祿』格，讀書讀得好的人，例是能為父母帶來榮耀，而覺得欣慰，讀書不行的人，也能陪伴父母終老一生。

『天機』也代表人生的變動，當命宮的『天機居廟』時，人生有變動會復建回復較快。當『天機居平、居陷』時，其人生變動發生時，復建較慢。尤其當命宮的『天機居陷』時，人生有愈變愈壞的狀況，要很久才會慢慢恢復。『天機坐命』者也容易搬家、遷居或換工作、換環境，人生會有數個轉折點，這就是『天機』主變化、變動的特性。

對『天機坐命』者轉移注意力或用金錢攻勢

『天機坐命』的人，很聰明，要說服他並不容易。但是他們喜歡新鮮的事物和言論。你倘若有一套新的、從來沒有讓他聽到過的理論，亦或是能製造一些新的事物或事件，讓他轉移注意力，是可以改變『天機坐命』者的想法的。『天機坐命』的人對是非善惡之事沒有絕對固執的堅持。可以說他們在思想上是一隻變形蟲、隨時會變，因此超強的震懾力量（氣勢強盛），新穎的言論即可說服他們，使他們崇拜。

如果你的父母或長輩是『天機』單星坐命者，你要小心他常常嫌你笨、對你嗤之以鼻，除非你功課特別好，或有特殊才能受到眾人肯定獎賞，否則你還是被罵笨的，這時候你要對他們攻心，簡直沒輒，只好拿出殺手鐧出來，奉上紅包或貴重禮物，就能立刻改變情勢，得到好的對待。這也不是說『天機』單星坐命的人特別勢利眼，而是『天機』單星坐命的人的子女宮都有一顆『武曲星』，財星在子女宮，自然子女或晚輩是他得到錢財的最佳窗口，他自己不會不知道，因此會立刻收斂自誇、自大的心態，把玩笑嘲弄的場面收起來的。

如果你的配偶是『天機』單星坐命者，你已習慣於他常嫌你笨或嘲弄，不過你如果是家中經濟支柱，他還是會看臉色，不會鬧得太過分的。你如果想討好他，向他攻心，也是給大紅包及貴重禮物，就能輕鬆收服他了。如果配偶是男性，則宜做或買好吃的東西、菜餚請他吃，則能對他攻心。

如果你的子女或部屬、晚輩是『天機』單星坐命者，你只要給錢、給他想要的物品東西，就立刻能對他攻心。其實你也從來對他不吝嗇而且給慣了，並且數量愈給愈多，有一天你不給，或給少了，他就恨你了，你也要拿捏清楚才是。

如果你的朋友或同事是『天機』單星坐命者，你要小心他時常自作聰明及搞怪，會壞事。『天機坐命』的人，在工作上不一定能幫得上忙，因為是非多，他又眼、耳、心都靈活，節外生枝的狀況很嚴重，只有命格清亮的人才會工作賣力。**一般『天機坐命』的人都會在三方四正有『殺星』進入，**因此搗蛋、搞怪的人較多，不過，還好的是他們都是小搗亂，只是想看到別人人仰馬翻的混亂狀況就很開心，表示自己能支配這些人而已。如果當公司或你有危急的狀，請這位朋友或同事來隨機應變想辦法，他常常也會有出人意表的好辦法來解決事情，這一點是不得不佩服的！如果你要對這樣的人攻心，就常提及他以前聰明有智謀的經歷故事，多加讚揚，馬屁多拍，高帽子多戴，順著毛摸，自然能對他攻心了。

『天機坐命』者的人氣增強術

『天機』單星坐命的人，反應快，又愛表現，有時太自我，不太顧到別人的臉色不好，一直要看到對方十分氣憤的臉龐才會驚醒。你們又從小受長輩父母的疼愛，有時也不太會看臉色。不過當你知道別人生氣了以後，就十分會看臉色而小心翼翼了。你們很少想到要對別人攻心，只有兄弟姐妹、朋友、同事，或向配偶、男女朋友需要攻心。常因是與這些人有過節、有不愉快了，才想向他們攻心。你們常花了很大的代價，把自己心愛的東西都奉獻出去，也難得看他們的好臉色，你要知道這是他們已知道要對你凶就能掌握制高點，所以你在已氣氛不佳時想挽回局面是不智的做法，應等氣氛緩和時再做與對方攻心的動作，這時再送禮物或幫個小忙之類，自然能攻心又能化解前嫌了。

第二節 『機巨坐命』者的人氣增財術

『機巨坐命』卯酉宮

天梁(陷) 巳	七殺(旺) 午	未	廉貞(廟) 申
紫微(得) 天相(得) 辰			酉
命宮 天機(旺) 巨門(廟) 卯			破軍(旺) 戌
貪狼(平) 寅	太陽(陷) 太陰(廟) 丑	武曲(旺) 天府(廟) 子	天同(廟) 亥

天同(廟) 巳	武曲(旺) 天府(旺) 午	太陽(得) 太陰(陷) 未	貪狼(平) 申
破軍(旺) 辰			命宮 天機(旺) 巨門(廟) 酉
卯			紫微(得) 天相(得) 戌
廉貞(廟) 寅	丑	七殺(旺) 子	天梁(陷) 亥

『機巨坐命』者的天界庇蔭與人界生活

天界庇蔭守護神：

『機巨坐命』的人的守護神以《封神榜》中的姜太公與其妻馬千

金兩個神祇共同為守護神，後世也以諸葛孔明與關聖帝君為守護神來膜拜。其中姜太公和諸葛孔明和關聖帝君都賦予『機巨坐命』者有善念、智慧、聰明、慈悲、應變，這些善能。而姜太公之妻馬千金則賦予口舌是非之能。『巨門』就是隔角煞，主暗昧多疑，多是非、欺瞞。故『巨門』為暗星，因此『機巨坐命』實是善星與隔角煞的組合，命中有半吉半凶。**當家中有『機巨坐命』的小孩誕生時**，一定正值家中是非多、有爭執動盪、變化之時，有些是出生於家族在分家產之時，或家道中落、瀕於困苦之時，有時『機巨坐命』的人，一出生便在窮困家庭或家毀或送人撫養，在別的家庭中長大。我多次說過，人都是順應環境的需要，或環境的變化而誕生的。因此人的出生也怪不得他們。

人界生活處世：

『機巨坐命』的人，以坐命坐卯宮的人較有出息，為『破盪格』，

能白手起家，**像蔣介石先生與張愛玲女士也都是命坐卯宮的人，**也都是白手起家的人，而且全都離鄉背井，到處奔波才會發達。

而『機巨坐命』酉宮的人，易東奔西走、飄泊無常，沒有結果，這是因為『機巨』坐落宮位不佳。『天機』屬木，在酉宮，金木相剋，『巨門』屬水在酉宮，『金水相生』是旺的，因此聰明才智變差了，是非變多了。另外在他們的夫妻宮中之『太陽、太陰』，『太陰』在得地之位，『太陰居陷』，『太陰』是財星，居陷時，表示心中沒有財，也與女性關係不佳，內心陰晴不定，自然有礙前程。反之，在卯宮的『機巨坐命』者較聰明，因為『天機』屬木，在卯宮得位，『巨門』屬水，在卯宮被吸附，『巨門』的作用被限制住。雖也有是非，但有些是非反而是助益．並且在卯宮的『機巨坐命』者奮鬥力較強。

『機巨坐命』者六親關係中只有父母宮和子女宮較好。前面說過：『機巨坐命』的人是出生在動盪不安、是非多的時間點上。父母在之前生活上過好日子的，自然會心疼這個小孩對他好，但也好不久，因為他青少年便會離家闖盪了，但會留財產給他，有些被送養的『機巨坐命』者，常因父母宮或疾厄宮，或遷移宮或田宅宮有『擎羊』，會家破，與父母無緣，與父母生離死別。

『機巨坐命』者的兄弟宮為『貪狼』，故與兄弟相互不瞭解，也緣份薄，少來往。**『機巨坐命』者的僕役宮為『廉貪居廟』，**表示其人喜歡結交有智謀的朋友。他自己本身也對交友有一套方法，是非常具有政治手段的策略，一定要對他有用才會深交，否則只到了淺交對象，因此他的朋友也是這麼對待他的，故而有時會引起官非或爭鬥。朋友之間的爭鬥很激烈，好朋友並沒一、兩個。

『機巨坐命』者的夫妻宮是『太陽、太陰』。命坐卯宮的人，非常喜歡談戀愛，因夫妻宮的『太陽居陷、太陰居廟』之故。他們的內心也常陰晴不定，情感變化多端，脾氣也時好時壞，讓人捉摸不定，自會找到一個性格更多變，脾氣更善變的配偶或情人。『機巨坐命』卯宮的人，一生受感情折磨。『機巨坐命』酉宮的人，性格也善變，但因夫妻宮的『太陽居得地』之位，『太陰居陷』，他們的感情模式比較少根筋，也不太有感覺，對人付出的感情也較少，不太會談戀愛，因此受感情折磨的狀況較少或根本就沒有。相對的，『機巨坐命』卯宮的人，戀愛經驗多，一生有多次情愛糾葛，間接也豐富了他們的生命。

『機巨坐命』者的子女宮是『武府』。表示財庫在子女身上，要養子女才會存到錢。而『機巨坐命』的人，不一定會生育子女，或與子女的感情不那麼好。這是十分可惜的事。**像張愛玲女士就無子女，像蔣介石先生也只有蔣經國一個小孩，**親子關係也不是很好。

『機巨坐命』者的財帛宮為『天同居廟』，一生能錢財平順，他的收入能使他過普通有衣食的生活，『機巨坐命』的人是『機月同梁』格的人，自然會有公職，或來自父母的接濟而生活無虞，其人的官祿宮為『空宮』，有『日月相照』，也代表事業或工作會有起起伏伏的階段，所以他的一生也會受運程影響而工作有不定的狀況。

對『機巨坐命』者以退為進、穩定情緒

『機巨坐命』的人，從來沒有真正相信過任何人。他們又常自認是天才型的聰明人物，因此想說服他們並不容易。因為他早已明瞭你所要勸他的說詞，甚至可以幫你說出來，讓你尷尬。因此我建議你最好用以退為進的方式。首先不要刺激他，多讚揚他們聰明和高等的知識技術，轉移其注意力。亦或是用最新的資訊（他所精通的科目）與之交換。『機巨坐命』的人很喜歡研究學問、科技。在鬆懈其防備，關係建

立好了之後，再慢慢提出說服的建議。但一切要以穩定其情緒的前題下進行。

如果你的父母或長輩是『機巨坐命』者，這表示他們是聰明、智慧高、知識水準還不差的人，而且他們喜歡管你，嘮叨你，你會陽奉陰違的對待他們，而想做自己的事。你若想對父母或長輩攻心，討好他們，唯有增加耐心，好好聽他們嘮叨，並乖乖照著他們說的做，才會讓他們覺得你是有誠心想學好的，繼而你才能跟他們更拉近關係，你可從早年的紀錄片中看到蔣經國總統，常帶著妻小到官邸陪老蔣總統的畫面，這種天倫之樂也是一種攻心法，要不然，大局可能改變，也沒有蔣經國的繼任總統之路了。

如果你的兄弟姐妹是『機巨坐命』者，你永遠別和他比聰明，他永遠比你早一步瞭解事情，及有自己一套處理方法。你如果也是『機月同梁』格坐命的人，你也會很贊成他的想法和做法，你如果是『殺、破、狼』或『紫、廉、武』命格的人，你應該會不瞭解他的想法或做法，不過，你只要記住他比你反應快、夠聰明及點子多，又有點孤傲。吵架你也吵不過他，因此，讓他三分對你有利，平時多捧捧他，讚揚他，能對他攻心，你們的關係也會好一點。如果一味向他挑戰鬥嘴、吵架，你會受傷比他更重。

如果你的配偶是『機巨坐命』者，他的聰明才智會比你強很多，但不一定在現實社會中有用。他的聰明才智在一般人看起都像在耍小聰明而不敢苟同，你可能當初也被此種聰明所吸引的，但日後，可能成為你們夫婦間爭執及衝突的重要因素，他的心直口快、言語惡毒、見風轉舵，日後也讓你受不了。不過，你要把握原則，不和他吵架，吵架也不搭腔，一個巴掌拍不響，他也沒轍了。

如果你的子女是『機巨坐命』者，他本身很聰明，你不一定能真正教育他，他從小牙尖嘴利、反應伶敏，如果會唸書的話，會成為你炫耀於人的法寶。如果他成績不好，將會使你萬分頭痛，他可能青少年時期便會離家發展，未來與父母緣份也很薄。

如果你的老闆是『機巨坐命』者，你想在他麾下工作平順，除了得忍受他急躁的脾氣外，被罵及嘮叼也不能還嘴，更要有一副誠心受教的態度。就算你拉到大生意，是公司的大功臣，也不能太囂張，你必須小心翼翼的侍奉老闆才可能做得久，薪水領得多。

『機巨坐命』者的人氣增強術

『機巨坐命』者天生有副傲骨，很少想到會對別人攻心的，除非對長官或同事有所求。但他們也不真實瞭解別人的心態。『機巨坐命』者的聰明在人際關係上沒有絲毫助力，這反而是你為人嫉妒的重點。因此當你要對別人攻心時，首先要收斂起自己的鋒芒，不能再聰明了，裝笨一點，因為你周遭其實是性急的笨人，所以表現你的聰明，實在是遭嫉的事。其次，你的口才好、話鋒激厲，你應多參考那些言語幽默有趣的人的幽默感與笑話內容，嚴格的說起來就是多學習改善你的EQ，自然能對任何人攻心及生活愉快的。

第三節 『機陰坐命』者的人氣增財術

『機陰坐命』寅申宮

天相(得) 巳	天梁(廟) 午	廉貞(平) 七殺(廟) 未	申
巨門(陷) 辰			酉
紫微(旺) 貪狼(平) 卯			天同(平) 戌
命宮 **天機**(得) **太陰**(旺) 寅	天府(廟) 丑	太陽(陷) 子	武曲(平) 破軍(平) 亥

武曲(平) 破軍(平) 巳	太陽(旺) 午	天府(廟) 未	命宮 **天機**(得) **太陰**(平) 申
天同(平) 辰			紫微(旺) 貪狼(平) 酉
卯			巨門(陷) 戌
寅	廉貞(平) 七殺(廟) 丑	天梁(廟) 子	天相(得) 亥

『機陰坐命』者的天界庇蔭與人界生活

天界庇蔭守護神：

『天機、太陰』坐命者的守護神是姜太公及賈氏。**後世也以諸葛孔明、觀世音菩薩及福德正神等諸神祇來膜拜。**在《封神榜》中，姜太公封神又以紂王的大將軍黃飛虎之夫人賈氏封太陰名號。因此賈氏也為『太陰星君』，也為守護神之一。『機陰坐命』者有分『財多』、『財少』兩種。**命坐寅宮的人，**『太陰居旺』，是財多的人。**命坐申宮，**『太陰居平』，是財少的人。因此當家中誕生出『機陰坐命』的小孩時，很明顯的，命坐寅宮的小孩會為家中帶財來多一點，而命坐申宮的小孩會為家中帶財來少一點。而且，當家中有『機陰』的小孩誕生時，生出命坐寅宮的小孩時，其父母會因工作變動而薪水增多，家人會有小小的歡樂氣氣，生出命坐申宮小孩時，其父母工作會變動，但薪水無增加反而減少，家中會有些小煩惱，有時也會搬家有變動。

人界生活處世：

『**機陰坐命**』**的人**，從命格來分，雖有財多、財少之分，但其聰明度都是很高的，**如果是戊年生的人，有『天機化忌、太陰化權』在命宮**，那代表其身體有些問題。同時也會性格古怪、聰明古怪，會不照一般人的方式想事情，人緣機會也會不好，如果命坐寅宮，本身的財還有，能強力掌握財，但頭腦不清楚，常混亂，聰明會用在不好的方向，也容易有精神疾病。

『**機陰坐命**』**的人**，從小會看臉色，善於感受感情濃薄，也與女性較有緣，本身也講求情份，喜談戀愛。這是和其命宮中有『太陰星』有關的。其六親宮中有兄弟宮是『天府』，和夫妻宮是『太陽』是不錯的。因此，『機陰坐命』者和兄弟姐妹感情好，也會找到性格寬大爽朗、不計較的配偶。又因為父母宮是『紫貪』的關係，父母較具有權威，他們比較懼怕父母和長輩，也不會和父母講自己的事，只會和姐妹或兄弟談心。

『機陰坐命』的人，因命坐四馬宮的關係，喜歡東跑西跑的，常容易出國，四處奔波。同時也容人生波動變化大。因為『天機、太陰』就代表波動及變化的意思。容易人生境遇多變化，更容易搬家、職業變動、調職等，同時要注意有車禍發生的問題。如果有『鈴星』、『火星』或『陀羅』在『命、遷』二宮出現，就要十分注意了，嚴重時會有性命之憂。

『機陰坐命』是屬於『機月同梁』格的人，適合做薪水族，不適合自己做生意。其人的財帛宮為『天同居平』，官祿宮為『天梁居廟』，表示會有長輩或比自己年紀大的朋友為貴人，會介紹工作給他。因此他一生平順，輕鬆賺錢。

『機陰坐命』者的僕役宮是『廉貞、七殺』，表示朋友都是不太聰明、又強悍的人，因此『機陰坐命』的人喜歡和自己的兄弟姐妹一起玩，對朋友和同事，還是有點距離的。

對『機陰坐命』者要多哄他

如果你的父母或長輩是『機陰坐命』者，這表示你的父母或長輩是和你為不同磁場的人。基本上你們性情不合，而且他會情緒多變、陰晴不定，讓你覺得有些難搞，不過，你如果也是『機月同梁』格的人，你多少還能瞭解跟體諒他這種情緒變化的被動，並容忍之。但你如果是『紫、廉、武』、『殺、破、狼』命格的人，就容易跟父母及長輩衝突了。不過，機陰坐命的人要的就是『哄』字，無論老小，只要多哄，少和他計較，就能對他『攻心』了。千萬不要和他比聰明，那只會使你更顯得笨，也更吃虧，得不償失。他也是會記仇的喲！下次一定會在別的地方找回勝利來。

如果你的兄弟姐妹是『機陰坐命』者，他雖然脾氣不好，情緒常起伏變化，有些大小姐脾氣或大少爺脾氣，但他對自己的兄弟姐妹還感情不錯，常把心事告訴你，和你分享，視你為知己。只不過，性格太感情用事了一點，你只要常哄哄他，當他有感情煩惱時，一同分擔，用言語多安慰他，他就會和你交心，而被你攻心成功了。

如果你的子女是『機陰坐命』者，表示子女小時候脾氣扭、聰明善變，有時也愛哭，會用哭來做武器和別的兄弟姐妹或小朋友搶東西，也很會討好父母是個古靈精怪的小孩，父母有時不太好管教他，而且他的心事或發生了那些事也不太會告訴父母親，因此你也根本不瞭解他在想什麼、或有什麼困難？你如果想跟他拉近距離，想與他交心的話，要用一點心機。最好的方式就是讓他知道：你這個做父母的『愛』是比較偏心於他這一方的。而且有確實例子可尋，只要他發覺自己是比其他的兄弟姐妹較受偏愛的一方，便會滿心歡喜的和你貼心一、兩個禮拜了。『機陰坐命』的人很善變，所以時間不久又會回到原樣情緒多變的狀況了。

如果你的朋友或同事是『機陰坐命』者，你得小心應付他的陰晴不定的脾氣，你也得常忍受他嘲笑你笨。除非他有求於你，否則不會低聲下氣的好好跟你說話。你會有時覺得他很爽朗，有大丈夫氣慨，有時又小氣、計較、情緒不好，任性不講理，須要人一直哄他，即使是公事，他也照樣鬧脾氣，公私不分，你如果是個一板一眼，就會和他衝突更凶。你如果是個能夠圓融處事的人，就會哄哄他，順著毛安撫他，哄著他與你共事，因為，常常奇怪的是，這種脾氣古怪的人，都是老闆交待來管最重要的事的人，很多關鍵性的事務由他掌管，你如果不哄好他，你的工作就停擺癱瘓了，因此你不得不巴結他，對他說好話，委屈求全以自己的工作目標，也因此，你必須對他攻心了。

『機陰坐命』的人會刁難你，有時是他心情變化的問題，有時想要好處的問題。如果是心情變化的問題，你另選其他的時間和他交涉，態度容氣一點，也會成功。例如最好選午時與酉時，中午吃飯的時間與下午下班前的時間，去與他交涉便容易成功。因為這兩個時間是他最理性的時候，如果你選對時間又帶著小禮一起去的話，氣氛就很好，他辦事就很輕鬆、效率快了。因為他鬧脾氣只是給你一個下馬威，讓你知道他在公司、部門的重要性而已。

如果你的上司或老闆是『機陰坐命』者，那你更得小心應付他們的時陰時晴的脾氣，每天戰戰兢兢的小心做事，最好多做一點，連上司的那份公務也順便幫忙料理一下，讓他有貼心的感覺。另外，年節要多拜訪他，他會很注重家庭，要懂禮貌會送禮，送禮也要送到他家人會喜歡的東西，這樣他才覺得你是個識相的傢伙，如此他才會某些職位上升遷你，但他很精明，當他考慮你會不會超過他時，便會漸漸不收你的禮物了，因此，當你發覺他開始不收你禮物時，便知道他在防範你了。

如果你的屬下或晚輩是『機陰坐命』者，其實剛開始你會很喜歡他，覺得他聰明靈巧、健談、可愛，對他有很大的期望，也希望他會在工作崗位工作久一點，但在工作上相處一段時間，你常發覺他丟三落四，做事急躁馬虎、脾氣壞、陰晴不定的狀況原畢露，同事間的是非不斷，而且他也坐不住，喜歡往外跑，通常他會挑可以外出的工作，例如到客戶處訪談、收帳、或外出送貨、送稿件、郵寄信件等等，儘可能的不要坐在座位上，因此你常看不到他在做什麼工作，因為他總是有藉口外出，如果有一天別的地方薪資好，他就跳槽了，因此你如果有下屬為『機陰坐命』者，又有如此能東跑西的工作給他作，而他又做得不錯，你想與他拉交情，讓他長期為你工作的話，你要常常施以小惠，讓他有加班費可拿，又要常對他表示特殊的關愛，讓他覺得受到重視，更重要的，薪資也要讓他夠滿足，如此才會留得住他。

『機陰坐命』者的人氣增強術

『機陰坐命』者心思靈巧活動，常容易東想西想，價值觀也常改變，不過，你一定是考量在當下的時間、環境中有誰對你最重要，而想對此人攻心。

常常，你會猶豫不決、拖延了一點時間，而變成時過境遷，而原先要對某人攻心的打算，因猶豫而沒做，也事情成了過去式，也沒有必要再做。因此，你在要對某人攻心之前，不要一時興起而做，最好三思而後行，否則也會後悔。

『機陰坐命』的人最會用感情、話語向人攻心。你們很會講話，又有異性緣和女性有緣，可以說男女通吃。所以，只要你覺得此人對你有用，就有辦法收服他，但是你們也常常被『殺、破、狼』命格的人強悍對待，或佔了便宜又賣乖，讓你們內心不爽。不過，大體上來講，『機月同梁』格命格的人的競爭力是不如『殺、破、狼』命格的人之強悍的。因此你也只有認命了，除此之外，你大多都能對別人之攻心可手到擒來。

第四節　『機梁坐命』者的人氣增財術

『機梁坐命』辰戌宮

紫微(旺) 七殺(平) 巳	午	未	申
命宮 **天機**(平) **天梁**(廟) 辰			廉貞(平) 破軍(陷) 酉
天相(陷) 卯			戌
太陽(旺) 巨門(廟) 寅	武曲(廟) 貪狼(廟) 丑	天同(旺) 太陰(廟) 子	天府(得) 亥

天府(得) 巳	天同(陷) 太陰(平) 午	武曲(廟) 貪狼(廟) 未	太陽(得) 巨門(廟) 申
辰			天相(陷) 酉
廉貞(平) 破軍(陷) 卯			命宮 **天機**(平) **天梁**(廟) 戌
寅	丑	子	紫微(旺) 七殺(平) 亥

『機梁坐命』者的天界庇蔭與人界生活

天界庇蔭守護神：

『天機、天梁』坐命的人的守護神是《封神榜》中的姜太公、以

及托塔天王李靖，後世也以王禪老祖、諸葛孔明及福德正神和關聖帝君等人為守護神來膜拜。這表示代表聰明的神祇都在守護保佑，但只保你平安而已，蔭庇的成份大，而甚至運用到聰明的部份很少。因『機梁坐命』的人是帶著上天神明的庇佑而出生的。**當家庭中有『機梁坐命』的小孩出生時，**表示家中經濟狀況不太好，或是父母在嬰兒出生的這段時間中會財運拮据一些。『機梁坐命』的人多半為長子或長女，在家中兄弟姐妹中排行老大。如果是女性，也可能為老大或老二，或上有一兄。因此，總是長女的責任，要幫忙父母照顧弟妹。在家庭中會負有一些做家事、帶領照顧弟妹的責任。未來父母老年時也會照顧父母，『天梁』是『蔭星』，就是一種照顧，及有慈善的心，照顧長者與幼小的同類。

人界生活處世：

『機梁坐命』的人，口才好、喜歡說話、話多，有時有些聒噪，常自以為聰明、很愛表現。**其人的遷移宮是『空宮』，**代表周圍環境空茫一片，其人本身也不太知道前途如何，尤其在幼年時代很會發呆，或容易晃神、學習不用心。凡是『空宮坐命』的人都有此現象，但如果遷移宮的『空宮』中有『擎羊、陀羅、火星、鈴星、天空、地劫』進入的話，是『刑剋格局』，其人會更命中財少，賺錢更辛苦。

『機梁坐命』者是正統的『機月同梁』格的人，其財帛宮為『天同、太陰』。**坐命辰宮的人，**其財帛宮的『同陰居旺廟』之位，官祿宮為『空宮』，有『陽巨相照』。表示辛苦努力賺薪水，收入還不錯，能過普通舒服的日子。**命坐戌宮的人，**因財帛宮的『同陰居陷』，收入少，較窮，其官祿宮為『空宮』，相照之『陽巨』之『太陽』也只在得地之位，故工作不長久，易起起伏伏或斷斷續續，故工作努力也不佳，亦較窮。

『機梁坐命』者的六親關係，父母宮是『紫殺』，表示父母很忙碌，整天忙著打拚很少管他們，父母對他們也很嚴厲又高高在上，親子關係不好。**其人的兄弟宮是『天相陷落』，**表示兄弟姐妹都年幼或能力不好，需要照顧。**其人的夫妻宮是『陽巨』，**表示和配偶之間常吵吵鬧鬧，口舌是非多，如果吵吵鬧鬧能增進情趣的人，會夫妻感情好。反之，也會離婚，尤其配偶的賺錢能力不佳時，極容易離婚，各分東西，家破，子女飄零。**『機梁坐命』者的子女宮是『武曲、貪狼』，**表示他所生的子女較有賺錢的好運，但子女性格較強悍，和父母觀念不一樣，父母不瞭解他，稍長，他就會外出離開家庭，自己賺錢去了。

『機梁坐命』者的僕役宮是『廉貞、破軍』，表示交友運極差，都會交到品行差，會坑矇拐騙、使人上當吃虧的惡友，這一方面，『機梁坐命』者自己也要負一部份責任，因為他們自己常自以為聰明，以為別人不敢騙他，有時又想佔小便宜，因此誤信朋友之言，常因小失大。據統計，最容易遭金光黨詐財的，就是『機梁坐命』的人，而且通常他們都自稱被人迷昏不醒人事，這可能是不敢面對被詐騙的事實，怕被人說笨，才自稱被迷昏。

『機梁坐命』者除了壬年和癸年生的人之外，大都有偏財運，每逢丑、未年暴發。『機梁坐命』者一生不主財，只能過普通薪水族生活，但一生有一次最大之暴發運，能讓他此生快樂一次。

對『機梁坐命』者最好成為相同宗教信仰者

『機梁坐命』的人，雖然非常聰明，但事實上，會上當最多的也是『機梁坐命』的人，他們對於宗教迷信有歸屬感，自認聰明，他不騙別人即是好事，別人哪裡能騙得了他？縱然被騙，他也自認脫得了身，但是往往事與願違。要說服『機梁坐命』的人，最好動之以『利』。他們喜歡賺錢，更喜歡暴發偏財運，而且深信自己有這個能耐。其次就是用宗教輪迴之說，讓其心悅臣服。否則你跟他說『理』是絕對說不過他的。

如果你的父母或長輩是『機梁坐命』者，他可能常常會嫌你笨，常會用言語刺傷你，但你也常發覺他們也不見得有多聰明，也有笨事一堆，但時時刻刻在表現聰明。因此你容易常躲著他們，不想和他們見面，但有時候也須做做面子，有必須見面或有事相求幫忙的時候，因此你也要稍為應付一下，對他們攻心了。此時最好多誇讚他們聰明睿智、有先見之明，讓他們先高興才會心悅誠服的幫你出主意。不過，『機梁坐命』者出的主意多半是餿主意，而且說話不負責，如果你因此吃虧上當了，千萬別找他，他也會不認帳的。另外，多花些心思、說好話向

人氣增財術

『機梁坐命』者借錢，倒是容易的。你要是口才好的話，是很容易得到『機梁坐命』者的欣賞，而掏出錢來借給你的。

如果你的兄弟姐妹是『機梁坐命』者，他會唸你、嘮叨你，但也會照顧你，他看你比他過不好而會幫你，但幫不多，如果你比他過得好，他會把你當做普通朋友，冷眼旁觀，與你保持距離，因此要向『機梁坐命』者的兄弟姐妹攻心，最好採取低姿態，裝可憐，『機梁坐命』者會有同情心，一面嘮叨、一面幫你。

如果你的子女是『機梁坐命』者，表示你是在經濟不佳時生了此子女的，但是他還蠻貼心的，一直會幫助家庭，照顧家庭，你如果要對他好一點、對他攻心，就一定要常常稱讚他的功績，照顧弟妹、或賺錢貼補家用的功績，這樣他會更賣力，也有一些不會工作的『機梁坐命』者，這是八字中有沖剋之故，而沒有能力、為無用之人。但大多數的

人氣增財術

『機梁坐命』者都能工作，且有愛心，更適合做慈善事業。

如果你的同事或老闆是『機梁坐命』者，這表示你工作的場所或部門、機關、企業體並不是太賺錢的地方，你也容易是做閒差，因此也容易被裁員。不過在牛年，『機梁坐命』者走『武貪運』，運氣還大好。此年他們易有暴發運。他們要到卯、酉年才大壞，因此在牛、羊年時，你不必耽心失業問題，常常『機梁坐命』者比你有危機感，會比你先辭職或跳槽，但他們的靈感也不一定準確，有時候他們以為公司快撐不下去了，搶先辭職，結果過了兩、三個月，卻看到公司營運一切正常，而又吃後悔藥。他們也會在牛年有好運，升官加薪讓你羨慕不已，牛年要好好巴結他們，對他們攻心，你也才能保住飯碗。多和他們聊天，多稱讚他們的聰明、多聽他們的講話，不要顯出不耐煩，有時也要多做貼心回應，就能抓住他們的心，而對你好了。所以讓他們抒發內心的情緒，用心傾聽，就是最好的攻心之法了。

『機梁坐命』者的人氣增強術

『機梁坐命』者常常好心幫別人出主意，雖然不一定管用，但實際上，你已在對別人攻心了，因為，你不喜歡的人，你是不會浪費心力為他想計謀出主意的，你的兄弟宮、朋友宮不佳，父母又忙、也凶，較強勢，你有時其實是過著委屈求全的日子，因此你也不想多浪費金錢在周遭人身上，出張嘴或想想計謀、辦法，不須要花費太多功夫，就能幫助人，因此你選擇用此方法對人攻心。

第三章 『太陽命格』的人氣增財術

第一節 『太陽坐命』者的人氣增財術

『太陽坐命』子午宮

天相(得) 巳	天梁(廟) 午	廉貞(平) 七殺(廟) 未	申
巨門(陷) 辰			酉
紫微(旺) 貪狼(平) 卯			天同(平) 戌
天機(得) 太陰(旺) 寅	天府(廟) 丑	命宮 **太陽**(陷) 子	武曲(平) 破軍(平) 亥

武曲(平) 破軍(平) 巳	命宮 **太陽**(旺) 午	天府(廟) 未	天機(得) 太陰(平) 申
天同(平) 辰			紫微(旺) 貪狼(平) 酉
卯			巨門(陷) 戌
寅	廉貞(平) 七殺(廟) 丑	天梁(廟) 子	天相(得) 亥

『太陽坐命』巳亥宮

巳	午	未	申
命宮 **太陽**(旺) 巳	破軍(廟) 午	天機(陷) 未	紫微(旺) 天府(得) 申
武曲(廟) 辰			太陰(旺) 酉
天同(平) 卯			貪狼(廟) 戌
七殺(廟) 寅	天梁(旺) 丑	廉貞(平) 天相(廟) 子	巨門(旺) 亥

巳	午	未	申
巨門(旺) 巳	廉貞(平) 天相(廟) 午	天梁(旺) 未	七殺(廟) 申
貪狼(廟) 辰			天同(平) 酉
太陰(陷) 卯			武曲(廟) 戌
紫微(旺) 天府(廟) 寅	天機(陷) 丑	破軍(廟) 子	命宮 **太陽**(陷) 亥

『太陽坐命』辰戌宮

巳	午	未	申
巳	天機(廟) 午	紫微(廟) 破軍(旺) 未	申
命宮 **太陽**(旺) 辰			天府(旺) 酉
武曲(平) 七殺(旺) 卯			太陰(旺) 戌
天同(平) 天梁(廟) 寅	天相(廟) 丑	巨門(旺) 子	廉貞(陷) 貪狼(陷) 亥

巳	午	未	申
廉貞(陷) 貪狼(陷) 巳	巨門(旺) 午	天相(得) 未	天同(旺) 天梁(陷) 申
太陰(陷) 辰			武曲(平) 七殺(旺) 酉
天府(得) 卯			命宮 **太陽**(陷) 戌
寅	紫微(廟) 破軍(旺) 丑	天機(廟) 子	亥

『太陽坐命』者的天界庇蔭與人界生活

天界庇蔭守護神：

『太陽』單星坐命的人，是指命宮只有『太陽星』一個中天星斗坐命的人，同時也是指『太陽』在子、午、巳、亥、辰、戌等宮坐命時的六種命格。『太陽單星』坐命者的守護神是『日神』、『太陽星君』。在《水滸傳》中以比干為『太陽星君』的代表。後代也以關聖帝君為守護神來膜拜。

『太陽』單星坐命者的命格，要分『居旺』和『居陷』的部份來說。當家中生出居旺或居廟的『太陽坐命』的小孩（指命宮在辰、巳、午等宮）時，表示其家庭和父母在當時是運氣中等，正急需身為父親的人要在工作上打拚努力的時刻，以後這個『太陽坐命』者也被賦予了必

人氣增財術

須在男性社會環境中競爭及對工作、事業努要力盡力的責任。『**太陽』單星坐命者更要看其父、祖輩的成就好壞，以及和父輩的關係來定其『今生』的命運成果**。例如『太陽』單星坐命辰、戌、巳、亥宮的人，父母宮都不佳。而『太陽坐命』子、午宮的人，父母宮雖是『天府星』但如果有『羊、陀、火、鈴、劫、空』等同宮，仍是屬於不佳的父母宮。如此，其人今生的成就也會減低，或根本無成就可言。這也是為什麼『太陽坐命』者只是一般命格的主要原因了。

如果『太陽』在戌宮、子宮、亥宮坐命的人，其人出生時，正是父母工作運黯淡的時候，或父親被調職、裁員、降職或有工作上的是非糾纏，十分不順利的時候。像有些失業的人，沒事閒在家中，此時最好別生孩子，否則你工作的不順遂將留作紀念，永遠跟在你的眼前，成為你椎心之痛。因為你的小孩的工作運也會一直不好，也一直讓你記起當年失業賦閒的痛苦時段。

人氣增財術

人界生活處世：

『太陽坐命』就是和男性競爭力、工作以及公家機有關，因此『太陽坐命』者其三合四方宮位不好，『煞星』太多，或無法做公務員，工作不順利，這些都是屬於具有刑剋問的『太陽坐命』的命格了。此後這一生也會波濤洶湧、起伏不定。就像『太陽居陷』坐命在戌、子、亥等宮，實際上已是第一重刑剋，其後再有『羊、陀、火、鈴、劫、空』或『化忌』同宮或相照時，那又是多重刑剋了。也自然會工作做做停停，無法長久，也無法有成就了。

『太陽』單星坐命者，也要看遷移宮的星曜來定人緣、桃花及六親關係的運氣。例如『太陽坐命』子、午宮的人，其遷移宮為『天梁居廟』，天生有福蔭相照顧，有長輩緣及桃花，異性緣極深。因此坐命此兩宮者，即使結婚後有外遇對象的人仍很多。**又例如：『太陽坐命』**

辰、戌宮的人，其遷移宮為『太陰』，雖然命坐戌宮的，有『日月反背』的格局，其遷移宮的『太陰』為陷落的，但其人仍有桃花，有異性緣。而命坐辰宮具有『日月皆明』格局的人，會人緣及桃花更強。這兩種命格都是幼時少年時便知男女情愛問題，易早婚及一生戀愛不斷。其實只有『太陽坐命』巳、亥宮的人，其人桃花少一點，但未必少很多，因為其人的遷移宮是『巨門居旺』，而『天梁、太陰』又分別其財帛宮、官祿宮，所以此種『太陽坐命』的人是口才好、又善於招惹桃花，故其異性緣仍比一般人強。

『太陽』單星坐命者的六親關係中，其兄弟宮都有一顆『武曲星』。但只有『太陽坐命』巳、亥的兄弟宮為『武曲居廟』，較有錢。而『太陽坐命』子、午宮者的兄弟宮為『武破』，『兄弟』為軍警人員，或兄弟較窮。『武破』是財逢破星，被破耗掉了，故窮。『太陽坐命』辰、戌宮者的兄弟宮是『武殺』，是『因財被劫』的格式，也會窮。這些人的兄弟宮都有『武曲星』，代表兄弟性格剛硬、耿直，都對錢財很小氣。『太陽坐命』者大多是大手大腳，腦袋少根筋，不太會理財，花錢不手軟的人，因此從他們眼睛看自己的兄弟姐妹，就覺得太小氣吝嗇了。

『太陽坐命』者的夫妻宮都有一顆『天同星』，表示其人內心在感情平穩、及有天真的童心，內心善良，對事情喜歡單純或喜歡原始狀態，不喜歡多變及複雜形態，否則會覺得太麻煩。自然他們的配偶及情人也是老老實實不易變的。而『太陽』單星坐命者本身桃花多，變得是他們自己，而不希望配偶或情人變，其實也可說是，他們戀愛的方式只有一種，他對每個情人的戀愛模式都一樣，久了自然乏味，只好換人再重新來一遍了。

另外，夫妻宮的『天同』也代表慵懶、享福與好玩樂，因此，『太陽』單星坐命者的配偶也一定是好說話、不喜歡多管事情，喜歡過太平日子的人。相對的，其配偶對此人的瞭解也不一定夠深，也容易相處久了就冷淡、沒感覺了，不過他們卻不一定會離婚，也會過一輩子相安無事的夫妻生活，即使自己或配偶有外遇，也能相互不計較，最後仍能白首到老。

『太陽坐命』者的子女宮會因命宮坐落宮位不同，子女宮也有好壞之分，**例如『太陽坐命』子、午宮的人之子女宮為『空宮』，有『紫貪相照』**。表示生兒子的運不強，但生女兒能生得多，和兒子緣份不強，女兒卻不怕，子女是長相麗、俊俏、體面的人。父母不太瞭解子女的想法，親子關係也不算親密。**例如『太陽坐命』辰、戌宮者的子女宮為『天相』居廟及得地之位**。表示子女乖巧，會幫忙家務，會是一個好幫手。父母也對子女照顧周到。親子關係不錯。**『太陽坐命』巳、亥宮者的子女宮為『七殺居廟』，**表示會有一子，但性格乖僻凶暴，親子關係也不好。

『太陽坐命』者的僕役宮也各有不同，例如『太陽坐命』子、午宮者的僕役宮是『天相』居得地之位，朋友運還不錯，朋友會幫忙料理事情。

『太陽坐命』辰、戌宮者的僕役宮是『天府居旺』，朋友是你的財庫，也表示人脈就是你賺錢及儲存財富的唯一法門。**『太陽坐命』巳、亥宮者的僕役宮是『貪狼居廟』，**表示朋友和你相互少瞭解，也保持距離、少來往。有時來往時，只是寒暄一下而已。你也不想和人深交。

整體來講，『太陽坐命』巳、亥宮的人是六親關係最差的人，也最須要向自己周圍的親朋做攻心的支援了，而『太陽坐命』子、午宮的人，只須對兄弟、子女多做攻心活動便好了。而『太陽坐命』辰、戌宮的人，要對自己的父母和兄弟做攻心策略。

『太陽坐命』者的『命、財、官、遷』，都和『機、月、同、梁、巨門』等星糾纏不清，這幾顆星也始終在這四個宮位環繞。因此『太陽坐命』的人之賺錢、得財須靠貴人，以及口才、是非、麻煩的來來往往所纏繞或環狀上昇而得到解決及得財的。

因此『太陽坐命』者的生活重心在家庭，工作精神重心在解決繁雜的是非口舌，表面上他們會不耐煩解決是非口舌的問題，事實上，他們有毅力、有耐性，忠於工作，都會解決得很好。這也是他們在『命、財、官、遷』都深陷於『機月同梁』和『巨門星』所組成的結構之中的結果。

對『太陽坐命』者要以柔克剛說好話

『太陽』單星坐命的人，是陽剛氣很重的人，要能說服他，當然必需要『以柔克剛』。用溫和婉轉的方式，公正無私的態度，再用合情合理的言詞來說服他。『太陽坐命』的人，一向為人寬厚，沒有心機，不會陰險搞怪，最怕別人的三句好話和委曲的態度。因此是很容易被說服的人。

如果你的父母或長輩是『太陽』單星坐命者，雖然平時他們的嗓門很大，但都有寬容不計較的一面，你只要多向他們撒嬌或裝可憐，自然會讓他們心軟而放你一馬，並且他們是大而化之、不記仇的人，更喜歡聽好聽的話，因此對『太陽坐命』的父母或長輩攻心，多送幾頂高帽子是必須的啦！但也不能拍馬屁太肉麻，否則也會適得其反的。**『太陽坐命』者給終和『太陰、天機』坐命者最相合，**因此由他們向『太陽坐命』的父母們攻心，是最具有效力的。

如果你的兄弟姐妹是『太陽』單星坐命者，除非你是『太陰坐命』或『天機坐命』的人，或者其次是『天同』、『天梁』、『巨門』坐命的人，較能與他們相合、相互磁場相同，容易攻心。像『紫、廉、武』、『殺、破、狼』命格的人，就可能不是很瞭解『太陽坐命』者內心的柔軟點與罩門，因此你較無法與『太陽坐命』的兄弟姐妹推心置腹。不過，『太陽坐命』者有豪邁、喜做老大、講義氣的氣慨，只要他知道有外人相欺，『太陽坐命』者一定會挺身而出，保家衛國，義憤填膺的。通常『太陽坐命』者多為家中之長男、長女，為大哥、大姐之類和排行順序因此也容易被賦與幫助父母及保護弟妹的責任，所以你只要利用外侮也能對『太陽坐命』的兄弟姐妹攻心，又能團結他們為一心。

如果你的配偶或情人是『太陽』單星坐命者，你首先要摸清楚他們的脾氣，要先知道那些是可以談論、觸碰的事，那些是不能談論、觸碰的事，要謹守之，便能相安無事的過生活了。通常『太陽坐命』者以嫁娶『太陰坐命』、『天機坐命』（或命宮中有天機、太陰等星的命格）是最相合、相配的。如此便十分瞭解彼此的優缺點而相互配合，沒有煩惱了。

如果你不是這些命格的人，你會和『太陽坐命』的人結婚，這多半是你是少一根筋的人或你會對某些事不在意而形成的。**例如：『太陽坐命』的人較大而化之，**不是那麼會整理家理環境，生活較雜亂、較隨意。如果嫁娶『天機』、『太陰』坐命的人，他們會幫忙整理家庭或打掃環境。倘若你不是『天機』、『太陰』坐命的人，你可能自己本身也不太會做整理整齊之事，而你的配偶（太陽坐命者）也很能容忍你這方面的問題，那就大家一起亂吧！因此你如果想向『太陽坐命』的配偶攻心，不會做家事的人，發憤把家中整理打掃美倫美奐，就能贏得『太陽坐命』者的讚賞感動，而心悅之。如果你已是愛整潔的『天機』、『太陰』

坐命者，那就精心企劃一個你們自己也很喜歡的浪漫的情人日或情人夜，在浪漫的氛圍下，你可以予取予求，徹底向『太陽坐命』者的配偶攻心了！

如果你的子女或晚輩是『太陽』單星坐命者，因為他們的自尊心很強，因此要少打擊他們的自尊心，而且不要常把他和別人比較，否則他會洩氣而無法振作起來。最好的方法是用鼓勵和獎勵的方法，或多分配工作成為他的責任、義務。『太陽坐命』者喜歡負責任，有責任心，責任愈多、愈大，表示他的地位之重要性愈高，因此他很愛擔當。不過，要賞罰分明、獎賞多、罰則少，才真正能激勵他們，並且該獎項是周圍環境中最高的榮譽之象徵，這是他最願意努力爭取的了，因為他們也是榮譽的愛好者之故。

如果你的老闆是『太陽』單星坐命者，那你很好命，常常有你表現細心的機會。因為他是大而化之的人，久而久之，他就會依賴你很深了，那你加薪的日子也就常常出現了。不過，對此老闆最忌諱的就是，像會當眾吐槽老闆的糗事，讓他下不了台，臉上掛不住。如果有此情形的話，就是你該捲舖蓋滾蛋的時候了。『太陽坐命』的老闆很好搞定，他們嗓門大、性急，說是風就是雨，你做事速度要快，要能配合，不能拖拖拉拉，也要適時的拍下馬屁、捧捧他，他會覺得你瞭解他的需要，而視你為親密夥伴及戰友。對『太陽坐命』老闆攻心的是，最好還有好的點子來創造更高的業績，否則馬屁聽多了，也有反感，不受用的時候呀！

如果你的同事或部屬是『太陽』單星坐命者，他們是有能力的人，但一定要心裡爽快及心服口服才會好好表現實力。如果你本身是『機月同梁』或『巨門坐命』的人，你很會運用手段來使他們心向著你，為你好好服務。但你如果是『殺、破、狼』命格或『紫、廉、武』命格的人，你較不能把握『太陽坐命』者的性格，對於他們叫一下、動一下，或隨時大嗓門把事情弄得天下皆知的狀況很煩惱。這是他們心中不爽之故。因此你要先收服他們，才能與他們共事。先用懷柔政策，繼用激將法，大致上都會有效。否則就是結仇太深，也用不著攻心了，各分東西就好。

『太陽坐命』者的人氣增強術

『太陽坐命』者通常很聰明，又性格寬宏、不拘小節。要他們藏個心眼去特別討好某人，不是做不到，而是根本不想做。因為他們會覺得太肉麻或太有心機，會讓別人看不起的，因此不願做。但是在現今的社會中，要想與人拉近關係，也不得不重視『攻心技術』才行。

『太陽坐命』者一般給人的印象就是大喇喇的，粗心大意、不太用心，凡事沒心眼，很好相處。但你們別忘了『太陽』這顆星是『官星』，因此下意識中，你們仍對工作或事業存著一份警惕之心。如果工作有問題，或工作內容讓人執疑，你們也會收起『涮仙』的態度，正經起來，好好檢討了。

『太陽坐命』者，最要攻心的是自己的父母和長輩，一方面父母多半會給你們財產和金錢，另一方工作上升官要靠上司及長輩賞識。因此，如果父母宮不佳的人，升官都遇到困難。同時你也不太會和長輩們相處，所以最好請教那些與父母感情好的人，看看他們是如何與父母相處的，借鏡一下，較容易實行。

『太陽坐命』者大多兄弟宮不好，僕役宮較好。因此你們容易向外發展廣交朋友，又因為你們較大方，願意吃點小虧，很捨得花錢，自然有人來報效了。但是你會發現，每當這個要好的朋友和你親如兄弟，以後便不知上下內外，便和你容易相衝起來了。因此你便要瞭解到好朋友、好同事是必須要『攻心』的，兄弟也是要『攻心』的，若你做到這些，你的人緣才真正天下無敵了！

第二節 『日月坐命』者的人氣增財術

『日月坐命』丑未宮

天梁(陷) 巳	七殺(旺) 午	未	廉貞(廟) 申
紫微(得) 天相(得) 辰			酉
天機(旺) 巨門(廟) 卯			破軍(旺) 戌
貪狼(平) 寅	命宮 **太陽(陷) 太陰(廟)** 丑	武曲(旺) 天府(廟) 子	天同(廟) 亥

天同(廟) 巳	武曲(旺) 天府(旺) 午	命宮 **太陽(得) 太陰(陷)** 未	貪狼(平) 申
破軍(旺) 辰			天機(旺) 巨門(廟) 酉
卯			紫微(得) 天相(得) 戌
廉貞(廟) 寅	丑	七殺(旺) 子	天梁(陷) 亥

『日月坐命』者的天界庇蔭與人界生活

天界庇蔭守護神：

命宮中有『太陽、太陰』一同坐命的人，是指命宮中有『太陽』

這顆中六星斗與『太陰』共為中天儀表同坐命宮的命格。此種命格會在『紫微在辰』及『紫微在戌』兩個命盤格式中出現，位置在丑宮與未宮。**『日月坐命』者的守護神是『日神』、『月神』、『太陽星君』。**在《水滸傳》中以比干為『太陽星君』的代表，以紂王大將軍黃飛虎的夫人賈氏為太陰星君的代表，只是當『日月在丑宮』坐命者，因『太陰居廟、太陽居陷』的關係，守護神要以太陰星君賈氏為主，太陰星君的護佑力量較強。而『日月在未宮』坐命者，則『太陽居得地』之位，『太陰居平』，故以太陽星君比干的守護力量較強。後代亦以關聖帝君、觀世音菩薩、福德正神等神祇為共同的守護神。

命宮中有『太陽、太陰』(日月)坐命的人，其人出生時，可是父母情緒多變化的時候，或是父母之間感情有變化的時候。這些時候，當然也夾雜著父親工作不順，或家中財務吃緊的問題。某些『日月坐命』

的人命裡財多的話，父母也能度過難關，或父母成為一對相互不溝通的伴侶。有些命裡財少的『日月坐命』者，出生後一直在父母不和的陰影中度過，或幼年時即父母離異，而自己跟著祖父母或外祖父母，或別的親戚友人長大，命運多少有些坎坷。自己一生也有自卑心及心情長期抑鬱的狀況。

人界生活處世：

『日月坐命』的意思就是男孩和女性的雙重性質，工作和錢財（薪資）的雙重性質，開朗與陰柔的雙重性質，黑夜與白天的雙重性質，公家機關與銀行或公家機關與私人的雙重性質、工作與休息的雙重性質、工作與變戀愛的性質。

『日月坐命』的人，也跟著希臘神話中，日神與月神相互追逐有關。

『日月坐命』的人，都有『雙重性格』，那是因為情緒起伏不定之故。其實，**命坐丑宮的人，**因為『太陰居廟、太陽居陷』的關係，性格陰柔面較多，會怕羞、內斂、保守，在外面話少。其長相也較柔美，具有女人味。此命格的男子，也較文質彬彬、外型柔美，有異性緣，但工作及事業方面會有起伏狀況。

命坐未宮的人，是『太陽居得地』的旺位，『太陰居平』，這表示其人性格中陽剛味稍重一點，陰柔味較輕。實際上此命格的人在外型上，較不易分別是何命格的人。此人既是『太陰居平』，可見是命中財少，但喜歡及重視工作之人也較和男性相合，和女性的磁場較不太合。因此，此命格的人之桃花較命坐丑宮的人，少很多。而他們的情緒亦會起伏不定，但大多數是因為工作的關係。並且，他們的內在感情模式也因『太陰居平』的關係較淡薄，不像命坐丑宮的人那麼喜談戀愛，或常

人氣增財術

沈溺在愛情的悲喜之中。

『日月坐命』者其財帛宮是『空宮』，有『機巨相照』，其官祿宮是『天梁陷落』，如果能形成『陽梁昌祿』格的話，一生讀書能有高學歷，就吃穿不用愁了。如果沒有『陽梁昌祿』格，或『陽梁昌祿』格不完美，或有沖剋、瑕疵的人，則人生命起起伏伏，一生沒有成就。在財運上也不穩定，是一生辛苦過活的人。『日月坐命』的人多喜歡感情用事，因此會增加人生的辛苦。

『日月坐命』者非常重視感情，常常是『身宮』落在夫妻宮，但是其六親關係中，**夫妻宮是『天同居廟』最好，**表示他能找到溫和、感覺及價值觀又相同的配偶，能有好的感情歸宿。**其他的六親關係皆不佳。例如父母宮是『貪狼居平』，**表示父母跟他不能溝通，彼此不瞭解，他也不會把自己的事跟父母講。另一方面父母之間的感情問題也不佳，容易家庭破碎，或家中長期冷戰、氣氛很差，他也不想待在家中，自然與父母的關係也不好了。

『日月坐命』者的兄弟宮是『武府』，表示兄弟姐妹、性格剛硬，雖有一點錢，但十分小氣，偶而才會借給他一點，而且兄弟姐妹比他會賺，也有較霸道一些的性格，**其子女宮是『破軍』**，表示子女不好教養，『日月坐命』者本身的身體也較弱，常生子不易。

『日月坐命』者的僕役宮是『七殺』，表示朋友都較強勢，偶而也會有人欺負他，或與他不合。其實我們細觀『日月坐命』者的六親關係中，大多落『殺、破、狼』格局上，只有夫妻宮是和他命格一樣的『機月同梁』格的星。因此表示其人的周圍盡出現不合的人，因此『日月坐命』者要結婚以後，人生才會較快樂。但他們常喜歡談戀愛，卻對婚姻恐懼，因此會讓其人不安定，當其人的『命、遷、夫、福』等宮出現

『天空、地劫』，或三方四正煞星多時，其人會出家、修道，遁入宗教之中。

對『日月坐命』者要有同理心及做精神支柱

『日月坐命』者命坐丑宮的女子愛哭，男子也常心情不佳，是多愁善感型的人，很難過得好。**坐命未宮的人較堅強一點**，只是情緒常不好，容易變化而已，不太會哭。分清楚命格位置比較好辦。

『紫、廉、武』、**『殺、破、狼』等命格的人**，是拿『日月坐命』者的多愁善是沒辦法的，同時也並不瞭解他們內心到底為什麼這麼脆弱。又難過的傷心點在什麼地方？他們會和『日月坐命』的人以講理的方式安慰或開導他，但效果不彰，也沒辦法安慰。只有『機月同梁』命格的人，會跟『日月坐命』的人，陪他一起哭、一起頹廢，沈溺很久的時間，這樣才能真正安慰他。

所以『紫、廉、武』、『殺、破、狼』的人，通常對於『日月坐命』者多愁善感的人會敬而遠之，或隨便安慰一、兩句便放棄，並不想浪費很多的時間去對他攻心。並且他們對他的態度就是：你喜歡這樣就這樣好了，反正哄也哄不好，就隨便你了，愛哭、愛傷心、愛生氣都隨你了。

『機月同梁』格的人，如『天機坐命』者，會用小聰明，或耍些小花招，轉移『日月坐命』者的注意力，逗他開心，而打開心門。**所以，『日月坐命』者也容易崇拜『天機坐命』者隨機應變的智慧而被他攻心。**『太陰坐命』的人是跟『日月坐命』者同樣對感情問題很執著、固執，又喜歡談戀愛的人，他們會彼此一起聊聊感情及傷痛的經驗，彼此撫平感情創傷的傷口，而對『日月坐命』者而攻心。**『天同坐命』者，是性格溫和的老好人，**有時候又能成為『日月坐命』者的發洩對象，有時候也能陪他一起哭、一起笑，更能不計較時間長短的陪伴在身旁，因此會成為對『日月坐命』者很好攻心手法。**『天梁坐命』者是性格不能算很好的，**但磁場與『日月坐命』者相同的人，而且他們多半會成為狗頭軍師，會因『日月坐命』者分析此次感情糾葛的前後因果及利害，讓『日月坐命』者信服不已，因此也能對『日月坐命』者攻心。因此『日月坐命』者如果要訴苦，要尋求精神支柱，最好找與自己性格類似的這些命格的人較會有心靈契合的感覺。

『日月坐命』者的人氣增強術

基本上，『日月坐命』的人之六親宮有四類親屬都不佳，此四類就是父母、兄弟、子女、朋友。因此你有這麼多關係的人需要做攻心的手段不可。可是這些人和你的磁場又不合，你也很難做得好，因為彼此的價值觀和感受都不一樣，所以你也很難向他們攻心。最好的方法就是多運用你平時溫柔的態度，善感的察言觀色的技巧，多做一些對父母、兄弟、朋友或子女貼心的小事，讓他們常常念及你的『好』，而在你一旦有事，或又墜入情緒失控時，能對你多體諒，多包涵。如此便是真正對他們攻心了。

第三節 『陽巨坐命』者的人氣增財術

『陽巨坐命』寅申宮

紫微(旺) 七殺(平) 巳	午	未	申
天機(平) 天梁(廟) 辰			廉貞(平) 破軍(陷) 酉
天相(陷) 卯			戌
命宮 **太陽**(旺) **巨門**(廟) 寅	武曲(廟) 貪狼(廟) 丑	天同(旺) 太陰(廟) 子	天府(得) 亥

天府(得) 巳	天同(陷) 太陰(平) 午	武曲(廟) 貪狼(廟) 未	命宮 **太陽**(得) **巨門**(廟) 申
辰			天相(陷) 酉
廉貞(平) 破軍(陷) 卯			天機(平) 天梁(廟) 戌
寅	丑	子	紫微(旺) 七殺(平) 亥

『陽巨坐命』者的天界庇蔭與人界生活

天界庇蔭守護神：

命宮中有『太陽、巨門』一同坐命宮的人，是指命宮有『太陽』這顆中天斗星，又有『巨門』這顆暗星（又稱隔角煞）同坐命宮的命格。此種命格會在『紫微在巳』、『紫微在亥』兩個命盤格式會出現。位置在寅宮或申宮。『陽巨坐命』者的守護神是『日神、太陽星君、計都星君、羅睺星君』等。並以《水滸傳》中的比干為太陽星君的代表，以姜太公姜子牙之妻馬千金為『巨門星』的代表，因此，這些神祇都是『陽巨坐命』者的守護神。後代亦以關聖帝君、門神、福德正神為『陽巨坐命』者的守護神。

命宮有『太陽、巨門』坐命的人，其人出生時，如果是坐命寅宮

的人，表示父輩的工作上有麻煩，父母自顧不暇，沒有太多時間照料你，你很可能是跟著家族中別的兄弟姐妹或親戚一起長大的。未來父母對你照顧仍不多，而且你也不會聽父母的話。**命坐申宮的人，**在你出生時，父親會發生一些問題，亦會是父親不在了，或父母離異，由母親獨力撫養，或由親戚相助撫養，而家境清苦，或命運坎坷。其人一生是非多，但性格上卻有過度樂觀的狀況。

人界生活處世：

『陽巨坐命』的意思就是『男性』與『是非』、『工作』、『口舌是非糾纏』、『光明與黑暗』等的雙重性質。『太陽』代表光明。『巨門』代表黑暗。因此，『陽巨坐命』者的一生，總是起起伏伏，因命局又處在『紫微在巳』或『紫微在亥』兩個命盤格式之中，盤內有四個『空宮』加上『廉破』和『天相陷落』的兩個衰運期，故盤上有半壁江山為衰運期，因此要逢到好運較難。故而會形成人的人生就及層級不高的狀況。**『陽巨坐命』者的財帛宮與官祿宮與遷移宮都是『空宮』，**如此一來，命理結構就很弱了，**財帛宮有『機梁相照』，官祿宮有『同陰相照』，**故其人的命局架構仍是『機月同梁』格的基本型態。『機梁』不主財，主有小聰明，或得蔭庇之財，雖然如此，『陽巨坐命』的人，除非命宮或遷移宮有『祿存』，會小氣保守一點，否則仍會大手大腳的亂花錢，每天都在想花錢，碰到機會就花錢，但常處於手頭拮据之中，『陽巨坐命』者的官祿宮是『空宮』，表示工作能力不強，夫妻宮有『天同、太陰』相照官祿宮，倘若毫無『煞星』進入官祿宮及夫妻宮的話，這個『陽巨坐命』的人還可擁有美嬌妻或配偶，而一生幸福過個小日子。但如果官祿宮及夫妻宮有『羊、陀、火、鈴、化忌、劫、空』等星進入的話，則婚姻不美和工作不穩定，則是其人生的常態了。

『陽巨坐命』的人，除了壬年和癸年生的人之外，大都有『武貪格』暴發運，會在牛年或羊年暴發。有些人還有『武鈴貪』格或『武火貪』格的雙重爆發運，能有一飛衝天的運氣。但『陽巨坐命』的人大都因命理格局的結構關係及八字的沖剋及帶財問題，而人生成就不高。可是也有成就高的，**如歌星張惠妹即為『陽巨坐命』者**，實屬難得，那是因為八字結構帶財多的緣故。

『陽巨坐命』者的父母宮是『天相陷落』，表示其人會生長在父母沒能力照顧他，或父母不在了，或父母能力差的家庭中，**而其人如兄弟宮為『武曲、貪狼』**，表示其兄弟較強勢，也能力較強，會賺錢幫助家中，有時兄弟也易是軍警人員。**其人夫妻宮是『天同、太陰』**，表示其配偶溫和、貌美。**如果命坐寅宮的人**，其夫妻宮的『同陰居廟』，則配偶有錢，也能生能力強又有用的兒子。那此人可享配偶及子女之福。如果有『擎羊、火、鈴』又進入夫妻宮，則婚姻不美或不婚。**命坐申宮的人，**其夫妻宮的『同陰居平陷』之位，則配偶也會是上班族，但工作不長久或賺不到什麼錢，是貧困一族的人。如果再有『化忌、擎羊、火、鈴、劫、空』進入，夫妻感情淡薄，或不婚，或再婚多次，婚姻也終將不保，其人自己本身也是個沒用、會依賴別人生活的人。

『陽巨坐命』者的子女宮是『天府』，表示財庫在子女身上，因此要好好教養子女，將來等子女回報養老。**其人僕役宮為『空宮』，有『武貪相照』，**表示朋友多半是有錢、運氣好，但性格剛直、強悍的人，因為『陽巨坐命』的人到處找錢的習慣，故對周遭的朋友很感興趣。『陽巨坐命』的人最愛做的工作就是賣保險和直銷業，他們不喜歡從事勞力的工作，喜歡動動嘴，就能賺到錢的事。因此，賣基金或推銷信用卡作業、保險業、直銷業、是他們常待著的地方，又因為他們天生愛說話，很呫噪，又喜歡唱歌、跳舞等活動，常給人頭腦簡單，沒禮貌、粗俗的印象。

由『陽巨坐命』者的命理架構來檢討，最需要攻心的人，則是父母、兄弟、姐妹及朋友了。有些夫妻宮不好的人，則配偶或男女朋友也是需要攻心的對象。可是，『陽巨坐命』的人，常常是外表行為大而化之，而內心又想得多，又會固執己見了用自己的方法去對別人好，去對別人攻心，但常不為別人接受，因此踢到鐵板，可是他的並不自我檢討，反而怪對方脾氣古怪或不解風情，因此常在雞同鴨講中過日子。

『陽巨坐命』者是注重現實的人，他是絕不會花很長的時間去為無法向某人攻心而難過，反而過一下子就忘了，下次見到那人，仍是呫噪又開心以對，故而『陽巨坐命』者常給別人少根筋的感覺。

人氣增財術

對『陽巨坐命』者要多送有價值的禮物

『陽巨坐命』者常給人傻呼呼的感覺，但其實他們是非常聰明，反應快的。高興時很呱噪，喜歡把自己的心事暴露出來。因此你一下子就知道他的用心在哪裡了，他想要的是什麼了。還好的是，一般的『陽巨坐命』者只貪一些眼前的小利，看到有好吃的就能多吃一點，有好玩的就多玩一點，可以從別人處多挖一點錢也不錯，因此對『陽巨坐命』者只要略施小利即可，也不必花大本錢，就可對他們攻心了。

不過，要對像阿妹那樣命中財多的『陽巨坐命』者，可要多送禮物，因為他們喜歡禮物，而且要價值高一點的，他們才會覺得有誠意。

『陽巨坐命』者的人氣增強術

『陽巨坐命』者的父母為『天相陷落』，因此長輩運、老闆、上司運不好，得不到老闆和公司的照顧。如果你要向老闆、上司或長輩拍馬屁，最好先在工作上有表現再說。但是這往往是最難的一關，因為『陽巨坐命』者天生是個公務員心態，又喜歡跟同儕比較工作量的多寡，自己付出的多寡，處處計較，他周圍的同事業績都比他好，他只是在能力強的人的羽翼旁偷安而已，因此每逢到有升官機會，他也有慾望想升官發財，但總希望落空，因為老闆、上司的眼光總從空略過他那期待渴望的眼神，而射中別的同事身上。有些人竟一連升了幾級了，都會讓他內心失落不已。

有位在區公所服務『陽巨坐命』者的先生，曾向我訴苦，不知為什麼，上司常用空降部隊放到我想升級的位置上，過了很多年，他卻一直不給我升，心中憤慨不已。我想這位先生從未不知道，他自己工作努力的標準，是和上司所認同的努力標準有很大距離的。『陽巨坐命』者，應該暫時靈魂出竅一下，用旁觀者的立場來看他周遭的職場關係，再看看同事間能力強的人是如何在工作的，確實瞭解一下，才能知道老闆、上司是喜歡什麼樣的人，才能夠實際對老闆或上司攻心。『陽巨坐命』者通常喜歡用送禮的方式來對別人攻心，以圖方便但有利害關係時，別人可能不接受禮物，如此便造成尷尬，同時也給自己打了一個負數的分數。

『陽巨坐命』者，如果要對同僚或兄弟姐妹攻心時，因『陽巨坐命』者在平時常是一個『包打聽』的八卦傳播系統，因此多告訴同僚或兄弟姐妹有關財經或賺錢的一些資訊，就會讓同僚或兄弟對你刮目相看，而對你好了。例如你在保險業工作，常把一些保險業中那一家的那一類保險較完善，而這些資料是外界無法獲得的，這樣你就能對這些親友有貢獻而能對他們攻心了。

第四節 『陽梁坐命』者的人氣增財術

『陽梁坐命』卯酉宮

天機(平) 巳	紫微(廟) 午	未	破軍(得) 申
七殺(廟) 辰			酉
命宮 **太陽**(廟) **天梁**(廟) 卯			廉貞(平) 天府(廟) 戌
武曲(得) 天相(廟) 寅	天同(陷) 巨門(陷) 丑	貪狼(旺) 子	太陰(廟) 亥

太陰(陷) 巳	貪狼(旺) 午	天同(陷) 巨門(陷) 未	武曲(得) 天相(廟) 申
廉貞(平) 天府(廟) 辰			命宮 **太陽**(平) **天梁**(得) 酉
卯			七殺(廟) 戌
破軍(得) 寅	丑	紫微(平) 子	天機(平) 亥

『陽梁坐命』者的天界庇蔭與人界生活

天界庇蔭守護神：

命宮中有『太陽、天梁』一同在命宮的人，是指命宮中有『太陽』這類中天斗星與『天梁』蔭星同坐命宮的命格。此種命格會在『紫微在午』及『紫微在子』命盤格式中出現。位置在卯宮或酉宮。『陽梁坐命』者的守護神是『日神』、『太陽星君』、『王禪祖師』：《水滸傳》中以比干為『太陽星君』的代表，以托塔天王李靖為『天梁蔭星』的代表。並以此二神祇為守護神。後代亦以王禪祖師及托塔天王李靖，福德正神等神祇為主要的共同的守護神。

命宮中有『太陽、天梁』坐命的人，命坐寅宮的，其出生時，正值父親工作的起步或轉捩點，其人本身為長子或獨子，要不然就是由家中女性長輩帶大，要不然就是由母親獨力帶大的人。家中經濟狀況小康、百萬產。**命坐酉宮的人**，其出生時，較多的狀況是：父親工作不順，賦閒在家，或父亡故，由祖父母或外祖父母帶大，家中經濟狀況拮据。

人界生活處世：

『陽梁坐命』者，『太陽』代表男性，代表工作或公家機關。『天梁』代表女性、照顧、蔭庇、名聲。因此『陽梁坐命』者，一生是女性歡迎，從小由女性長輩包圍。如祖母、外祖母、或母親、阿姨等照顧撫養。一生也多有貴人幫助，但也以女性長輩貴人最得力。長大後娶妻婚嫁也多半會和比自己年紀稍大幾歲的人結婚。**命坐酉宮的人，**因『太陽居平、天梁居得地』之位，表示在工作上容易心灰意懶，但有貴人照料。故命坐酉宮的人，為『飄蓬格』容易做閒雲野鶴之人。

『陽梁坐命』者的『天梁』還代表名聲。因此『陽梁坐命』者是自尊心強，重視名譽的人。如果有『擎羊』同宮或相照，那就不重視名譽了，而且還會陰險。

『陽梁坐命』者命格高的，就是會形成『陽梁昌祿』格，這樣就會唸書，再由唸書而成就大事業。『陽梁昌祿』格在三合宮位或四方宮位形成，也有同聚一宮於卯宮的，這要時辰生的好才能有的。在我一般論命中，逢到不少『陽梁坐命』者，都沒有『陽梁昌祿』格，因此也不愛唸書。會東學學，西學學，無一能精，他們多半會像命坐酉宮的『陽梁坐命』一樣，學做國術館或跌打損傷的治療、復健、腳底按摩之類的工作。這樣一來人生就差很多了，而且也容易落入一般不富裕的生活當中。

在卯宮的『陽梁坐命』者最適合做公務員了，或在公家機關的銀行辦事，**因為財帛宮是『太陰』**。『太陰』代表按日發薪水，也代表銀行，更代表房地產。所以在建發公司賣房子也行。**但『陽梁』在卯宮坐命的人，要賣房子會賣不多，因為其人的田宅宮是『紫微居廟』**，他會把好房子都留起來自己擁有；而不好的才賣出，因此賣不多，再則他的也不捨得賣。

『陽梁坐命』者的官祿宮是『空宮』，有『同巨相照』，表示常會做些職位不高或沒有職稱的工作，例如祕書、顧問、委員之類的工作。因此是屬於幕僚型的人員。但『陽梁坐命』者是好大善功的人，又注重名聲，於是一直致力於由幕僚型的人而爬到檯面上、檯面前的人而努力。這就是『陽梁坐命』者的工作型態。一般命格的『陽梁坐命』者，則會和小市民一起做些小生意糊口，如做復健治療、或五術教習之類的工作。

『陽梁坐命』者的六親關係中，父母宮為『七殺』，夫妻宮為『同巨』，子女宮為『貪狼居位』，僕役宮為『破軍』，都不好，這些宮位也是須要攻心的。因為六親宮位有三宮坐於『殺、破、狼』格局之上，故在其感情世界裡是較辛苦的，首先父母對他較凶、較嚴格，又緣份不深，聚少離多，他又會對子女不瞭解，對朋友也會結交三教九流的人，對朋友不挑。這主要也是由於『陽梁坐命』者自己本身的性格是大而化之，不拘小節，做事馬虎，並不想花太多精神在人際關係上之故。因為從小就有長輩呵護他、寵愛他之故。

對『陽梁坐命』者要放任他的脾氣

『陽梁坐命』者在性格屬性上，實際上屬於『機月同梁』格的人，因此是內在性格較注重感情，較溫和，不喜歡爭強鬥狠的人。『陽梁坐命』者命宮的『太陽、天梁』兩類都是『官星』都是事業之星，因此他們喜歡工作，也必須工作才會覺得人生滿足，但官祿宮為『空宮』，工作常不順，是滿懷雄心大志，想大幹一番，但有時又方向不明，無從下手，或時運不濟，也沒什麼好機會可以表現。要不然就東忙西忙，一事無成，其實，如果工作不順利或沒有成就感在他們來說，是內心中一種煎熬。但他們總會擠有囉嗦又不能有幫助的配偶，或遇到無法因才施教的父母、師長、或氣味不相投的子女、晚輩，或遇到性格不和、侵略性強的朋友。

如果你是『陽梁坐命』者近身旁的這些關係，又想向『陽梁坐命』者去攻心的話，請你自身先想一想你目前所屬之位置是『陽梁坐命』者的何種關係，是他的朋友？家人？長輩或晚輩？或是男女朋友，或配偶呢？或是晚輩、子女呢？不論你是他的那種關係，如果想和『陽梁坐命』者交心的話，請做成像他兄弟一般情誼的關係人吧，因為『陽梁坐命』者和兄弟姐妹的關係最好，**他的兄弟宮是『武曲、天相』**。表示其兄弟姐妹雖有時會說話很直，但卻是他的福星，很會幫忙他在生活上、物質上會資助他，使他享福。也會幫他解決困難，因此他非常相信兄弟姐妹的話，也願意為兄弟姐妹付出同樣交情的情義相挺。

因此做父母、長輩、上司的人，如果你要向『陽梁坐命』者攻心，就首先要放下身段，努力瞭解一下他目前的需求，對他用同輩的心情來說話，相互輸誠，他一定會大受感動，而奮力表現出你對他的期望。

如果是同輩的朋友是『陽梁坐命』的人，你想向他攻心的話，最好是與他多熟稔一點，如果能達到像兄弟般的感情，就一定能攻心成功了。但『陽梁坐命』者對朋友很少能打開心房的，因為不太會分辨朋友好壞，上當受傷多了，就多少他還是會對你刮目相看，全當做好朋友的。

如果你是『陽梁坐命』者的男女朋友或配偶，一定要多些容忍度，及給他空間，少向他嘮叨或建議，要放任他的脾氣，才會讓他願意待在你的港灣裡，否則他也會逃得很快的。

如果你是『陽梁坐命』者的晚輩或子女，想向他攻心示好，因為你對他長期的不瞭解，可能一生也不能瞭解，那還是不用浪費時間。你可以找一個他正高興、開心的時刻，又沒有旁人在的時候，把他當做難兄難弟一般，沒大沒小一下，對他說話，談一下他所癖好的事情，例如棒球、運動啦！如好吃的東西啦之類的，會有意想不到的『攻心效果』。要花工夫攻心，當然是有所求啦！此時再說出自己想要父母、長輩幫忙的事，其實就很容易得手了。

『陽梁坐命』者的人氣增強術

『陽梁坐命』者一向心氣高，志傲，不太想向人攻心拍馬屁。但

人氣增財術

有時總覺得難於融於職場或同輩、或家人、妻兒的歡笑、談笑之中，總覺得尷尬，此時，你也要花點工夫對別人攻心示好了！

譬如，如果是朋友、同僚、同事、同學之類的平輩關係，你要想辦法與他的多熟悉一點，找磁場上感覺相同的人下手，如此可找到好朋友，也能藉由此人來開拓你周圍的人際關係，繼而向你想要攻心的長輩或晚輩們攻心示好，以創造自己周遭和諧好人際關係，不必再擔心受怕受排擠。

另外，在愛情與婚姻方面，『陽梁坐命』者是個大男人主義及大女人主義的人，不喜歡別人主管他的事，因此一定會嫁娶到成就不好，能力不佳的配偶，但配偶還會嘮叨，常鬧些小是非。不過你就是不喜歡配偶的能力比你強的嘛！因此也是有忍耐給自己的選擇啦！

第四章 『武曲命格』的人氣增財術

第一節 『武曲坐命』者的人氣增財術

『武曲坐命』辰戌宮

太陽(旺) 巳	破軍(廟) 午	天機(陷) 未	紫微(旺) 天府(得) 申
命宮 **武曲**(廟) 辰			太陰(旺) 酉
天同(平) 卯			貪狼(廟) 戌
七殺(廟) 寅	天梁(旺) 丑	廉貞(平) 天相(廟) 子	巨門(旺) 亥

巨門(旺) 巳	廉貞(平) 天相(廟) 午	天梁(旺) 未	七殺(廟) 申
貪狼(廟) 辰			天同(平) 酉
太陰(陷) 卯			命宮 **武曲**(廟) 戌
紫微(旺) 天府(廟) 寅	天機(陷) 丑	破軍(廟) 子	太陽(陷) 亥

『武曲坐命』者的天界庇蔭與人界生活

『**武曲**』**單星坐命的人**，是指命宮中只有『武曲』一顆正財星，坐命於辰宮或武戌宮的人，這會在『紫微在申』或『紫微在寅』命格中出現。

天界庇蔭守護神：

『**武曲坐命**』**者的守護神在《封神榜》中以周武王姬發為守護神之代表**，後代也以財神關聖帝君及福德正神等來膜拜。

當家中生出『武曲坐命』的小孩時，表示家中的經濟狀況要改好，或是家中的財運正要向另一個階段邁進及向上衝，因此無論如何這個小孩即將為家中帶財來。**如果有『羊、陀、火、鈴、劫、空』同宮坐命的人**，表示此人會為家中帶財來，但等級不是太高，財也不會太多了。**如果是有『武曲化忌』在命宮的人，**表示此人出生時，家中正逢經濟困難，或正遇錢財上的是非。未來此人也一生為錢財所苦，永不富裕。

人界生活處世：

『武曲坐命』的意思，就是以『財』為使命，在人間富裕活躍，造福很多人。『武曲坐命』也要看命中八字中的財多財少來訂富貴等級。其實絕大多數的『武曲坐命』者和紫微坐命者一樣皆出生於窮困、平民般的小康之家。鮮少出生在富貴之家，因此『武曲坐命』者的今生就是來為其出生家庭打拚及賺取財富的。『武曲坐命』的人，只要命格中刑剋不太多，會有打拚能力及『武貪格』暴發運，能成就事業及爆發偏財運得到錢財。因此算是人生是先苦後甜的人，所謂『武貪格』不發少年時，因此『武曲坐命』者多半三十歲以後才發，也才有好運出頭。

『武曲坐命』者的財帛宮是『廉貞、天相』，表示是死腦筋，只是用打理的方式，用不太聰明的方法在理財。『武曲坐命』者通常只注意大錢，與大概的數字，並不像『天府坐命』者或『祿存坐命』者會一分一毫都算得很清楚。

『武曲坐命』者的官祿宮是『紫微、天府』，表示他的工作狀況仍是以錢財為重、為導向的狀況。因此無論『武曲坐命』者做那一行業，都首先會用直覺去感覺此行業，會不會賺錢？能賺多少？如果太少，就會放棄不想做了，另謀他路。『武曲坐命』者也很容易自己當老闆來賺錢，因為他性格剛毅、愛打拚，更希望為自己及自家打拚，不想為別人白費力氣。

『武曲坐命』者的六親宮都還不錯，父母宮是『太陽』，兄弟宮是『天同』，子女宮是『天梁』，特別會照顧子女。**只有夫妻宮是『七**

殺』，配偶也是性格強的人，如果能找對人，又能忍耐，也會有好的婚姻。**僕役宮是『太陰』，**表示重視朋友及屬下之間的感情，貼不貼心，是否相企合？能相互企合的，便能做長久的朋友而不變。『武曲坐命』戌宮者的朋友宮之『太陰居陷』，表示朋友都較窮，為薪水族。自然朋友間的感情有時也會淡，因此這個部份是需要攻心的。

但所有的『武曲坐命』者最主要的是要對配偶攻心，才會對你本身的生活素質能改善，也能對你的感情世界能增進和諧平衡。

對『武曲坐命』者最好要守信諾

『武曲坐命』者是重視金錢價值的人，也是重視實質利益的人。他希望別人對他好是用真心誠意的，而不是表面浮華的，或是要花錢的，因此並不喜歡別人用送花、送蛋糕的方式，或是故做羅曼蒂克的方式來示好，你要是能力所及，還不如直接送紅包、禮券、有價證券或鑽戒、或是一個實質的好處，會讓他更開心，倘若你是晚輩，而沒有能力送『武曲坐命』者的長輩如此貴重禮物的人，畫張卡片、寄一些貼心感人的話語也能打動他們的心，但不必送花束或蛋糕之類的東西，否則你會搞砸了這份心意。因為他會覺得你既然有錢買無用又會枯萎的花，為何不買實際有用一點的東西送他呢？因此他會對你送的花不屑一顧。

『武曲坐命』者的人氣增強術

『武曲坐命』者通常對父母很孝順、也很用心，與兄弟姐妹也很友愛、感情好，『武曲坐命』者對自己的家人都十分關心與貼心。因此很瞭解對父母、兄弟、子女之間的攻心策略了。但對於配偶則是需要特別實施攻心計劃的。因為『武曲坐命』者天生性格剛直，像塊鐵一樣

（武曲屬金），直來直往，不喜歡拐彎抹角，也不會哄人、騙人，總覺得自家人一定要告訴你真實的話。但往往真話，表實話是最傷人的，因此日子久了，夫妻感情會有變化。

『武曲坐命』者如果想對配偶攻心，只要讓自己柔軟一點，對自家人也像對外人一樣保持一點距離與客氣，放下一些成見，試著用全新的自己去面對這個想要對他攻心的人，你便事事會成功了。

『武曲坐命』者對朋友或屬下要攻心，好像比對自家人攻心成果快又做得好。因為對外人與自家人的關係，就是有沒有帶社會人的面具之差別而已了。

第二節 『武府坐命』者的人氣增財術

『武府坐命』子午宮

天梁(陷) 巳	七殺(旺) 午	未	廉貞(廟) 申
紫微(得) 天相(得) 辰			酉
天機(旺) 巨門(廟) 卯			破軍(旺) 戌
貪狼(平) 寅	太陽(陷) 太陰(廟) 丑	命宮 **武曲**(旺) **天府**(廟) 子	天同(廟) 亥

天同(廟) 巳	命宮 **武曲**(旺) **天府**(旺) 午	太陽(得) 太陰(陷) 未	貪狼(平) 申
破軍(旺) 辰			天機(旺) 巨門(廟) 酉
卯			紫微(得) 天相(得) 戌
廉貞(廟) 寅	丑	七殺(旺) 子	天梁(陷) 亥

『武府坐命』者的天界庇蔭與人界生活

天界庇蔭守護神：

『武曲、天府』坐命的人，是指命宮有『武曲』(正財星)及『天府』(財庫星)同坐命宮的命格，此種命格會在『紫微在辰』及『紫微在戌』這兩個命盤格式中出現。位置是在子宮或午宮。

『武府坐命』者的守護神有《封神榜》中的周武王姬發為正財星之守護神。以代表財庫星、主營隆的為紂王的姜皇后為守護神，同時她也主掌了才能與慈悲。還有『天府星』的正名南斗星君也是『武府坐命』者的守護神。後代亦以財神、關聖帝君、福德正神來膜拜祭祀以為保護神。

當家中生出『武府坐命』的小孩時，表示家中經濟狀況要好轉，且有盈餘，可以儲蓄。此種儲蓄有的時候是銀行存款多一些。有些時候是家裡添購房地產，而使父母心情好一些。

如果是『武曲化忌、天府、擎羊』坐命宮的人，其出生時，表示家中正有經濟問題要解決，其人一生將在債務是非中打滾。其人最好也想開點。做些清高的行業，不要精疲力竭的去賺錢、想錢否則也是徒勞無功，而傷害身體，會因刑剋而亡。

人界生活處世：

『武府坐命』者天生對錢財敏感，喜歡數錢，或對數字有興趣，因此多喜歡學經濟或財務、會計之類的，與數錢有關係的行業。這彷彿是老天爺派他們來人間數錢的一樣，『武府坐命』者的出生家庭也並不富有，完全要讓『武府坐命』者自己賺才行。**因為父母宮是『太陽、太陰』表示父母情緒不穩定**，父母間的感情也不穩定，有些人會有父母離異，幼年時代很辛苦的狀況。『武府坐命』者通常會很依偎著兄弟姊妹們長大，以後兄弟姊妹的感情也一直不錯。

一般人認為『武府坐命』的人，既是正財星與財庫星同坐命宮的人，自然是大富翁了。其實不然！根據財富調查，世界首富排行榜中，從不曾出現『武府坐命』的人。反而，『武府坐命』者最常出現在一般公務員或小康的家庭中，這主要是因為『武府』常容易『被限制』或『刑剋』到，或是八字中有『財不足』及『貴不足』的狀況所致。『被限制』是指有祿存同宮及相沖或在三合宮位出現，使財變得保守及變成普通的衣食之祿。『刑剋』是指『命、財、官』中還有『羊、陀、火、鈴、劫、空、化忌』的進入而刑剋。如此在賺錢及理財上都只是平凡命格的財運了。

『武府坐命』者的財帛宮為『廉貞居廟』，善於在賺錢方面營謀計劃，**其官祿宮為『紫相』，**表示工作穩定的話，會有舒適的生活，及高薪和稍高的職位。

『武府坐命』者的六親關係中，與父母不能算很親密，父母宮是『太陽、太陰』，表示父母性格陰晴不定，與子女互動時好時壞。**他的**

兄弟宮是『天同居廟』，與兄弟姊妹感情好，常玩在一起，也能一同享樂。**但其夫妻宮為『破軍居旺』，**表示感情上較天真，常找到價值觀不一樣的配偶和情人。因此容易婚姻不美，或離婚。**其子女宮為『空宮』，**也能有子女二人，有子女則有較多的房地產。**『武府坐命』者的僕役宮為『天梁陷落』，**表示其朋友或部屬皆為能力比他弱的人，無法和他相互照顧，自然他也不想照顧他的朋友了。

由此可見『武府坐命』者最須要攻心的對象顯而易見的是：一、父母，二、配偶，三、朋友或部屬了。

『武府坐命』者在行大運方面，最好是順時針方向行運，也是『陽男陰女』的行運方式，其人一生走的好運多，人生、財富也會多。如果是生為『陰男陽女』逆時針方向行大運，則人生較辛苦、財也少。

對『武府坐命』者讓他賺錢最佳

『武府坐命』者是性格耿直，做事一板一眼的人，對金錢有強烈的敏銳力。凡事也講求利益。因此對武府坐命者攻心，其實很簡單，只要能讓他賺到錢，就能擄獲他的心。其次呢！能提供方法及點子讓他確實賺到錢，或發點財，這也能使他對你心悅誠服。

『武府坐命』者性格剛毅、乾脆，不喜歡別人來講一些無用的八卦事件，也不喜歡三姑六婆的浪費時間。只喜歡研究賺錢的理論，因此像故做羅曼蒂克的送花、送禮物，他一概不喜歡，還覺得浪費。最好折現送錢給他才是痛快。因此，如果想要對此人攻心，就不必送花、送禮物那一套手法了，還不如直接用有價證券或值錢的東西、鈔票送他較貼心。**『武府坐命』的人，性格較直，**也不喜歡故做羅曼蒂克的做作方式來談情說愛。因此你也無法從他那裡得到這些。

人氣增財術

『武府坐命』者的人氣增強術

『武府坐命』者是非常實際、不造作的人。他對別人好，就會給實質利益給對方，也會用最實際的方式照顧對方。

『武府坐命』者最需要攻心的對象，首先是父母，其次是配偶和朋友、部屬。**但是因為『武府坐命』者的夫妻宮是『破軍』，**夫妻宮又是人內在感情模式展現的宮位，當有『破軍』時，表示其人內在的想法是和一般人不一樣的，而且會有打破傳統或例規的思想、看法。

因此『武府坐命』者自然知道自己的這幾個宮位很弱，長輩運、婚姻運及朋友運、子女運都較弱不強，但他不願靠別人，只想靠自己。

而且『武府坐命』者太愛財，可以說是『貪財忘情』、『貪財忘親』之人。因此即使對他建議如何對別人攻心，固執的他也是不會聽的。只有等他須要用這個人，才會想到如何要對那人攻心了。但往往也是要用別人時，卻束手無策，因先前無學習到攻心的技巧了，以致無技可施，也用不到別人。

第三節　『武相坐命』者的人氣增財術

『武相坐命』寅申宮

天機(平) 巳	紫微(廟) 午	未	破軍(得) 申
七殺(廟) 辰			酉
太陽(廟) 天梁(廟) 卯			廉貞(平) 天府(廟) 戌
命宮 **武曲**(得) **天相**(廟) 寅	天同(陷) 巨門(陷) 丑	貪狼(旺) 子	太陰(廟) 亥

太陰(陷) 巳	貪狼(旺) 午	天同(陷) 巨門(陷) 未	命宮 **武曲**(得) **天相**(廟) 申
廉貞(平) 天府(廟) 辰			太陽(平) 天梁(得) 酉
卯			七殺(廟) 戌
破軍(得) 寅	丑	紫微(平) 子	天機(平) 亥

『武相坐命』者的天界庇蔭與人界生活

天界庇蔭守護神：

『武曲、天相』坐命的人，是指命宮有『武曲』（正財星）及『天相』（福星、印星）同坐命宮的命格。此種命格會在『紫微在午』及『紫微在子』這兩個命盤格式中出現。位置在寅宮或申宮。『武相坐命』者的守護神有《封神榜》中的周武王姬發，以及紂王的大臣聞太師為代表。另外財神、關聖帝君、福德正神、諸葛孔明，都是『武相坐命』者的守護神。

命宮中有『武相坐命』的人，其人在出生時，代表父母的經濟狀況要較好了，變得錢財漸豐足起來，有小康格局。因此此人出生以後一直吃穿不愁。其人的父母宮最好，故其人也一直享受著父母的照顧與父母所給予的衣食無缺的生活。但正因為如此，常會讓人感覺他在事業上或成長上一直不算費力，有時也會怠惰，好像只求溫飽就已滿足了。這可能也是因為其人命宮中有一類『天相』福星而愛享福之故。

人界生活處世：

『武曲坐命』的人，一生不愁吃穿，這是先天帶來的財與福之故。但其遷移宮是『破軍』，表示其人一定會出生在一個有點瑕疵、爭鬥或是非、紛爭的環境中。不是父母缺一、或父母離異、家族紛爭、叔伯爭產之類的家庭中。

『武相坐命』者的財帛宮是『廉貞、天府』，代表是剛夠衣食、吃穿不愁的小格局財富。同時也是要運用一些人際關係，相互來往，或略加互換利益的賺錢模式，雖然『武相坐命』著的僕役宮和兄弟宮並不好，同事關係常有小麻煩，但『武相坐命』者還是會幫助朋友、同事介紹工作啦，出出主意，教教工作上的小技巧，但也常遇到好人沒好報的事。這是因為他的朋友都較笨又囉嗦，而他又是怕麻煩之人，教了一半就不耐煩了。不過只是些小鬥嘴而已，『武相坐命』的人是溫和的人，不太會和人起大衝突的。

『武相坐命』者的官祿宮是『紫微』，表示在公務員或上班族的工作上能爬至高位，做管理階級的工作，但如果有『羊、陀、火、鈴、劫、空』或『文昌化忌』、『文曲化忌』入官祿宮，就要小心會工作斷斷續續，成就的高低也有些不保了。

『武相坐命』的人其福德宮都是『七殺』，表示一生較勞碌，停不下來，但有時又會給人懶洋洋的感覺，這是剛好走到弱運，就會軟趴趴的。其實他們雖外表怠惰，但也是內心靜不下來的，會東想西想，在內心操勞不斷的。

『武相坐命』的人，在行大運上不論是順行運或逆行運，終究都會在老年六十、七十歲的時候走到『破運』或『空宮』大運上，而老運不佳。因此須要在年輕時多累積一些經驗做人生規劃，要買醫療保險才好，因為『武相坐命』者的田宅宮是『天機居平』，表示財富根本存不到太多的錢財，而且可能會失去後再拚命購回房地產。因此子女、後代就要好好培養，以防老年孤苦無依。

對『武相坐命』者請吃佳餚美饌最好

『武相坐命』者給人的感覺是：有時剛直、剛硬，有時很好說話，願意幫助人。但這完全要看時間運氣好壞而定。通常在中午的時候以及傍晚兩時的時候，『武相坐命』者是最講理，而且能幫助人，或願意接受別人意見，或願意接受幫助的時候。自然這兩個時間也是最能向他攻心的時候。

『武相坐命』者喜歡生活上的享受，因此和他一起吃高級的午飯、晚餐是最能對他提出攻心策略的了。其次再送一些高級優質、有價值的小禮物，便能輕而易舉的攻破他的心防。這主要是因為『武相坐命』者很少與人為敵，不會怕人、防人之故。他的一生在生活上總是穩穩地生活，永遠會有長輩及長輩貴人在照顧關照他們，因此他們也很少會擔心生活上的事。

如果你要對『武相坐命』者攻心時，無論男女表示你無須為他們的生計擔心，常帶點有名的好吃的點心，便能擄獲其心了。如果你的朋友、同事或情人、配偶是『武相坐命』者，好吃、好禮的禮物固然不錯，但特別為他舉辦一些帶有羅曼蒂克的生日會、歡樂會，會更讓他感動不已。**如果有『祿存』出現在『命、財、官、遷』等宮的人，**就比較保守了，小氣又愛錢了，對其人攻心的最好辦法便是在其人生日或重要的日子送個紅包，便能讓他永遠記得你了。

『武相坐命』者的人氣增強術

『武相坐命』者最需要攻心的對象自然是六親關係中較親的部份，例如：兄弟宮或朋友宮。其兄弟宮是『天同、巨門』，表示可能會有同父異母，或同母異父的兄弟，這些兄弟間是非多，或不相往來，就沒有必要攻心了。如果同住一處，或又有往來關係的就需稍微做些人際關係來維持並不太友善的家族關係，這有時候就需要實行一下攻心術了。否則將來父母走了，要分財產時就會針峰相對，狀況不佳了。

另外，『武相坐命』的人要攻心的是配偶或情人這個方面。『武相坐命』者的夫妻宮是『貪狼』，表示他根本不會談戀愛，也根本無法瞭解對方內心在想些什麼，感情是一種很粗糙的形式。而他所選擇的情人或配偶往往都是外表亮眼、做人圓滑、強勢，或是像個花蝴蝶一般的人，因此情人和配偶在外面做什麼其實他並不曉得，常容易到情人來吵著分手，配偶吵著離婚時，他才知道麻煩大了。因此，『武相坐命』者應該平時就多用心在情人或配偶的相處關係上，多實行攻心術，以鞏固戀情或婚姻。首先『武相坐命』者不能太散慢，要養成與情人或配偶一起出席或參加活動、或朋友聚會的習慣，更要多留時間與情人或配偶促膝表談。與情人或配偶攻心時，是不宜帶朋友或家人來破壞氣氛的。如此才能鞏固好愛情部份。

『武相坐命』者的朋友關係和兄弟關係一樣，是小麻煩不斷，時好時壞的狀況，宜找幾個性格類似相合的人常來往，其他的人就看作一般的朋友就好，如此你便能對性格較接近的人較包容，也能多做一些貼心及攻心之事了。

第四節 『武貪坐命』者的人氣增財術

『武貪坐命』丑未宮

紫微(旺) 七殺(平) 巳	午	未	申
天機(平) 天梁(廟) 辰			廉貞(平) 破軍(陷) 酉
天相(陷) 卯			戌
太陽(旺) 巨門(廟) 寅	命宮 武曲(廟) 貪狼(廟) 丑	天同(旺) 太陰(廟) 子	天府(得) 亥

天府(得) 巳	天同(陷) 太陰(平) 午	命宮 武曲(廟) 貪狼(廟) 未	太陽(得) 巨門(廟) 申
辰			天相(陷) 酉
廉貞(平) 破軍(陷) 卯			天機(平) 天梁(廟) 戌
寅	丑	子	紫微(旺) 七殺(平) 亥

『武貪坐命』者的天界庇蔭與人界生活

天界庇蔭守護神：

命宮中有『武曲、貪狼』一同坐命宮的人，是指命宮中有『武曲』正財星與『貪狼』好運星，同坐命宮的命格。此種命格會在『紫微在巳』及『紫微在亥』等命盤格式中出現。位置在丑宮或未宮。『武貪坐命』者的守護神是以《封神榜》中的周武王姬發，以及主慾望之紂王之愛妃妲己為守護神。後世也以財星、關聖帝君、八仙、福德正神等神祇為守護神來膜拜。

命宮中有『武曲、貪狼』坐命的人，其出生時，其家庭和父母就突發好運和賺到或得到一筆錢了，父母及長輩十分高興，對其寄望頗深，也會好好教導他。**如果命格再有『火武貪格』或『鈴武貪格』的人，**其出生時，其父母及家庭所感受的突發好運現象，更是會如奇蹟般出現，其生產過程也順利和快速，有如『天助』一般。

人界生活處世：

『武貪坐命』者多半幼年家中窮困，或父母財運不佳。及至三十至三十五歲，其人才會開運，而有豐富的人生。『武貪格』的人不發少年時，三十五歲才暴發，其人一生勞苦，**福德宮是『天相陷落』，財帛宮是『廉破』，**表示花錢很捨得，在精神上很辛苦，有工作就有錢賺，較不易存得住錢。**其田宅宮是『機梁』**，有子女，就有存款，也能得父母遺產。無子女便存不住錢，也無遺產可得。**其夫妻宮為『天府』，**表示財庫在配偶身上，配偶會幫忙存錢理財。**其官祿宮為『紫殺』，**喜歡打拚，能做高人一等的事業及工作。

『武貪坐命』者在命理架構上有四個『空宮』，是子女宮、疾厄宮、遷遙宮、僕役宮，算是弱宮，如果這四個空位再有『羊、陀、火、鈴、天空、地劫』進入，那弱宮的問題會更嚴重，亦會直接對命格造成刑剋傷害。如同命格上有『武曲化忌、貪狼』或『武曲、貪狼化忌、擎羊』在命宮的人，這些都是一種對本命及財的刑剋、減少。

人氣增財術

在『武貪坐命』者的四個弱宮中，有兩個直接代表六親宮位，是子女宮與僕役宮。另外，疾厄宮相照父母宮，因此也反映出父母宮的問題。這三個宮位都是須要攻心的宮位。人生才會美滿無缺憾。『武貪坐命』者往往一心向財，向好運，會在事業上拼命打拚，而忽略家人。而且他們花錢不手軟，喜歡以物質或金錢對家人補償，但仍會造成家人的報怨。

對『武貪坐命』者給他財運和好運

『武貪坐命』者是性格剛直又乾脆的人。不喜歡婆婆媽媽、粘粘答答、小里小氣的樣子，通常他們話少。喜歡隱藏感情，或不輕易表現出來，但他們喜歡別人用明朗、熱烈的感情表達方式來對待他們。有時嘴上會說『肉麻！』但內心是開心的。

另外，別忘了，『武貪坐命』者是『武曲』財星與『貪狼』好運星在命宮的人。因此如果你能讓他感覺到財運與極好的時運，那也真是攻心攻到底了，馬屁也拍到家了。不過，這件事並不很容易，因為『武貪坐命』的人通常比一般人要好運得多，一般普通人想給他好運也還真不容易呢！不過，你只要多給他方便、順利，也能使他們感覺有好運而高與了。

『武貪坐命』者的人氣增強術

前面說過，『武貪坐命』者需要攻心的人是父母、長輩、子女、朋友，由此你就可以知道，『武貪坐命』的人因為本命向財向運的關係，太在意外務、外事而忽略了家人、朋友。因此六親關係較弱，除了配偶外（配偶之親密戰友），在感情上卻容易因太忙而對人有所欠缺。因此會用金錢、禮物來補償。但人的深情厚意多半是用時間的堆積而成的，因此『武貪坐命』者仍是要挪一些時間來做這些攻心的功課，否則縱然賺得全世界？在心理上仍是孤家寡人一個，表示這是非常悲涼的事。

第五節　『武殺坐命』者的人氣增財術

『武殺坐命』卯酉宮

巳	天機(廟) 午	紫微(廟) 破軍(旺) 未	申
太陽(旺) 辰			天府(旺) 酉
命宮 武曲(平) 七殺(旺) 卯			太陰(旺) 戌
天同(平) 天梁(廟) 寅	天相(廟) 丑	巨門(旺) 子	廉貞(陷) 貪狼(陷) 亥

廉貞(陷) 貪狼(陷) 巳	巨門(旺) 午	天相(得) 未	天同(旺) 天梁(陷) 申
太陰(陷) 辰			命宮 武曲(平) 七殺(旺) 酉
天府(得) 卯			太陽(陷) 戌
寅	紫微(廟) 破軍(旺) 丑	天機(廟) 子	亥

『武殺坐命』者的天界庇蔭與人界生活

天界庇蔭守護神：

命宮中有『武曲、七殺』一同坐命宮的人，是指命宮中有『武曲』正財星與『七殺』殺星同坐命宮的命格，此種命格全在『紫微在丑』及『紫微在未』兩個命盤格式出現，位置是在卯宮或酉宮。**『武殺坐命』者的守護神是以《封神榜》中的周武姬發，以及紂王大將軍黃飛虎為守護神。**後世也以財星、關聖帝君、福德正神等神祇為守護神來膜拜。

命宮中有『武曲、七殺』坐命的人，其出生時，其父母和家產會正因財運拮据困難而正在打拚階段。因此『武殺坐命』者幼年並不算好過，但到青少年時代會開始輕鬆一些。『武殺坐命』者，『陰男陽女』

行大運會逆時針方向行運，人生會較幸福，快樂多一些。順時針方向行運、大運較差，人生也較辛苦，這完全是需看其人本命的財多財少而定了。

人界生活處世：

『武殺坐命』者，實際上是『武曲』財星碰到『七殺』殺星的『因財被劫』的命格。而且『武曲』財星居平，『七殺』煞星居旺，因此性格強悍，命中被劫財，因此在命格上更要小心『擎羊』的位置在那裡了。例如有『擎羊』在命宮或遷移宮出現的人，如甲年生、寅年生人，有『擎羊』會在卯宮或酉宮出現，就需小心有被劫財、不善終的現象，其人本身也較凶、性格強硬、陰險，也容易與人起衝突、被殺而亡。『擎羊』在其他宮位，如在『父、子、僕、兄、疾、田』等宮的人，要小心身體狀況，病痛等問題，很多人幼年強壯，成年後才發病。

『武殺坐命』者其實是先天上就有刑剋的。有些人是身體上的，有些人是精神上的，例如操勞、忙碌、勞碌非常，停不下來。『武殺坐命』者命中財不多，是被劫財的關係，但大運好轉，也能賺很多錢，薪水不錯。

『武殺坐命』者，最好做武職，為軍警業或一般上班族，不能做生意，因為『因財被劫』，一定會失敗的，也最好做武職，不要做文職。做文職會財少也較辛苦，有些『武殺坐命』者學法律，將來做律師也不錯，因為律師也是爭鬥性很強的行業，但律師仍算文職，因此會時好時壞。

『武殺坐命』者的財帛宮是『廉貪』，代表手中財運不佳，常沒錢可用，官祿宮是『紫破』，須拚命打拚衝鋒陷陣，可至高官，『武殺坐命』者十分小氣，因財少，也會節儉，會省錢。如果有『火、鈴』在命、遷二宮的人，就不一定會節儉了，相反的花錢更凶，喜歡買電子產品與流行時髦的東西了。

『武殺坐命』者的六親關係中，父母、兄弟、配偶、朋友都對他不錯。只有生子女小有困難，不過是頭子難而已，第二胎就容易了。但子女不好收養。因此『武殺坐命』者與晚輩和後輩及子女關係也都較差。這主要也是『武殺坐命』者頭腦頑固，也稍笨一點，覺得晚輩要尊敬長輩和前輩，容易教訓晚輩，容易和後輩有代溝之故。子女和後輩也喜歡和他們抗議和反嗆。因此，『武殺坐命』者最需要對子女及晚輩來攻心了。

對『武殺坐命』者用錢直接打動

『武殺坐命』者是性格剛直，反應不算快的人，做事乾脆直接，比較不羅曼蒂克，又十分小氣、節省。如果你要對他攻心的話，最好選他日常生活所需之物送給他，或照顧他的衣食住行，他就十分感恩了，也能對他攻心了。最好不要買花呀、卡片呀、買一些既不能吃穿、又無用的東西，會讓他懊惱不已，也會覺得你沒誠意。

如果你能直接包個大紅包給他，這也是最能攻心的方法了，因為『武殺坐命』者什麼都不欠，只欠錢嘛！如果你再能使他變為大富翁，那他就更死心蹋地的對你忠心了。

『武殺坐命』者的人氣增強術

『武殺坐命』者一般來說外表是頭額圓圓、有些矮胖、有些瘦高，但還忠厚老實，長輩、長官、父母也都對他們好，與兄弟、同僚、朋友也相處融洽，配偶、情人更喜歡他們的忠厚、節儉、不亂花錢，會幫他料理很多事。他只是與後輩、晚輩、子女擺架子，因此，他對長輩、同輩、情人、配偶隨便做，別人都會對他好了。但唯獨對子女或晚輩要多用心，多傾聽，多放低身段，陪他們玩、聊天、要有耐心，才能完成攻心任務。

第六節 『武破坐命』者的人氣增財術

『武破坐命』巳亥宮

命宮 武曲(平) 破軍(平) 巳	太陽(旺) 午	天府(廟) 未	天機(得) 太陰(平) 申
天同(平) 辰			紫微(旺) 貪狼(平) 酉
卯			巨門(陷) 戌
寅	廉貞(平) 七殺(廟) 丑	天梁(廟) 子	天相(得) 亥

天相(得) 巳	天梁(廟) 午	廉貞(平) 七殺(廟) 未	申
巨門(陷) 辰			酉
紫微(旺) 貪狼(平) 卯			天同(平) 戌
天機(得) 太陰(旺) 寅	天府(廟) 丑	太陽(陷) 子	命宮 武曲(平) 破軍(平) 亥

『武破坐命』者的天界庇蔭與人界生活

天界庇蔭守護神：

命宮中有『武曲、破軍』一同坐命宮的人，是指命宮中有『武曲』財星與『破軍』耗星同坐命宮的命格。此種命格會在『紫微在卯』及『紫微在酉』兩個命盤格式中出現。位置在巳宮或亥宮，**『武破坐命』者的守護神是以《封神榜》中的周武王姬發，以及斗數中主破耗的殷紂王為守護神**，後世以財神、關聖帝君，福德正神等神祇為守護神來膜拜。

命宮中有『武曲、破軍』坐命的人，其出生時，就已注定其家庭、家族及父母將會面臨極大變化。這是一個時間點的問題，同時也是家運和父母本身運氣的問題，也怪不得小孩！有錢人家的『武破坐命』的人從小容易遇到家庭敗落、父母亡故、父母離異等人生重大問題。窮人家的『武破坐命』者，從小易遇到家貧如洗，父母病痛與賺錢生財能力，或父母離異，生離死別等人生重大問題。

例如已作古的張學良先生就是『武破坐命』的人。其父是東北王張作霖，被日本人炸死，很年輕便接管家業，雖在中國歷史上參了一腳，但其家業終究是在他手上敗光了。

人界生活處世：

『武破坐命』者，在其出生時刻，家中必遇一經濟危機，或也要靠金錢解決之大麻煩，然後父母家人在東拉西湊之下解決了。『武破坐命』者就出生在此時，往後他也是個性格小氣，愛管錢，但又耗財多的人。這是因為本命『武曲』居平，財不多，耗星『破軍』又居平，破耗較凶的原故，**『武破坐命』者的財帛宮是『廉殺』，官祿宮是『紫貪』**，表示是用蠻幹的，用力氣苦幹實幹的去賺錢，對賺錢沒有特別聰明的點子，但好好工作會有很多升官的好運，再有富貴。『武破坐命』者適合做武職、軍警業，不適合做文職，做文職會財少及發展不佳。『武破坐命』者也非常聰明，敢於嚐試，但他的聰明不是在做生意、賺錢方面，而是在做事方面，因此不適合做生意，否則必有敗局。

在『武破坐命』者命盤上有兩個『空宮』，分別是夫妻宮及子女宮，這表示在感情上來說『武破坐命』者對情愛關係喜歡談，但並無太執著的愛情。這也是說『武破坐命』者視愛情如衣服，並無特別留戀的意圖，自然對子女小孩子也不想太麻煩了。

但是，如果『武破坐命』者在『命、遷』二宮有『文昌』、『文曲』進入，形成『窮』的格局，這是大好大壞的狀況，那此人要不就會對愛情忠貞（命、遷二宮有文昌者為之），要不就會放蕩不已（命、遷二宮有文曲）。由此可知情人、配偶、子女都是『武破坐命』者請攻心的對象。**另外其僕役宮為『巨門陷落』，**朋友、部屬之間是非多，相反製造災害，也是需要對朋友攻心，以防災害。

人氣增財術

對『武破坐命』者表示崇拜與鼓勵

『武破坐命』者常有自己獨特的看法與做事方法，更會出奇不異的嚐試新作風，讓眾人嚇一跳，如果你能在他刻意表現時，做一個擁護者與崇拜者的角色，使他真實的感覺到自己的聰明與偉大，如此便能徹底對他攻心了。還有一種懦弱的『武破坐命』者，精神上多數鼓勵，工作上多陪伴，也能對他攻心。

『武破坐命』者的人氣增強術

『武破坐命』者的夫妻宮是『空宮』，如果沒有『羊、陀、火、鈴、劫、空』進入，代表內心感情模式很空茫，不知自己到底喜歡什麼，但對宮相照過來的『紫貪』會讓你能遇到志同道合的情人。『武破坐命』者有很多人不愛結婚，有時用同居關係代替配偶關係，自然家庭觀念不重了。

『武破坐命』也容易有生育上的問題，如果如此，便是本命的財受到刑剋了，便無法傳宗接代了。也因此，『武破坐命』者和晚輩的關係也會不好。他根本也搞不懂晚輩在想什麼，而有代溝問題。

『武破坐命』者，只要肯結婚、肯給情人一個交代，便能使情人及配偶富翁了。在對待子女及晚輩方面，『武破坐命』者常不按牌理出牌，會帶給大家無限驚喜，也能用此法來對子女及晚輩攻心。

在朋友及部屬方面，只需肯聆聽他們的報怨及適時加以調停及公平審判，也能對這些人攻心成功。

法雲居士⊙著

利用『姓名』來改運、轉運，
古往今來都是常有的事！
但真要使『好姓名』達到增強旺運的功能，
必須有許多特殊的轉運技術才行。

『姓名轉運術』
是一本教你可以利用特殊命理的方法，
以及中國文字的特殊五行陰陽智慧，
及納音聲轉效果來達成轉運、改運目的。
替改運者，重建一個優質的磁場環境，
而完成今世世界高規格的生活目的，
增進你的財富與事業成就。

第五章 『天同命格』的人氣增財術

第一節 『天同坐命』者的人氣增財術

『天同坐命』卯酉宮

太陽(旺) 巳	破軍(廟) 午	天機(陷) 未	紫微(旺) 天府(得) 申
武曲(廟) 辰			太陰(旺) 酉
命宮 **天同**(平) 卯			貪狼(廟) 戌
七殺(廟) 寅	天梁(旺) 丑	廉貞(平) 天相(廟) 子	巨門(旺) 亥

巨門(旺) 巳	廉貞(平) 天相(廟) 午	天梁(旺) 未	七殺(廟) 申
貪狼(廟) 辰			命宮 **天同**(平) 酉
太陰(陷) 卯			武曲(廟) 戌
紫微(旺) 天府(廟) 寅	天機(陷) 丑	破軍(廟) 子	太陽(陷) 亥

『天同坐命』巳亥宮

命宮 天同(廟) 巳	武曲(旺) 天府(旺) 午	太陽(得) 太陰(陷) 未	貪狼(平) 申
破軍(旺) 辰			天機(旺) 巨門(廟) 酉
卯			紫微(得) 天相(得) 戌
廉貞(廟) 寅	丑	七殺(旺) 子	天梁(陷) 亥

天梁(陷) 巳	七殺(旺) 午	未	廉貞(廟) 申
紫微(得) 天相(得) 辰			酉
天機(旺) 巨門(廟) 卯			破軍(旺) 戌
貪狼(平) 寅	太陽(陷) 太陰(廟) 丑	武曲(旺) 天府(廟) 子	命宮 天同(廟) 亥

『天同坐命』辰戌宮

武曲(平) 破軍(平) 巳	太陽(旺) 午	天府(廟) 未	天機(得) 太陰(平) 申
命宮 天同(平) 辰			紫微(旺) 貪狼(平) 酉
卯			巨門(陷) 戌
寅	廉貞(平) 七殺(廟) 丑	天梁(廟) 子	天相(得) 亥

天相(得) 巳	天梁(廟) 午	廉貞(平) 七殺(廟) 未	申
巨門(陷) 辰			酉
紫微(旺) 貪狼(平) 卯			命宮 天同(平) 戌
天機(得) 太陰(旺) 寅	天府(廟) 丑	太陽(陷) 子	武曲(平) 破軍(平) 亥

『天同坐命』者的天界庇蔭與人界生活

天界庇蔭守護神：

『天同』單星坐命者是指命宮中只有一個『天同』福星在命宮的人，同時也是指『天同』在卯、酉、辰、戌、巳、亥等宮坐命的人。『天同』在巳、亥宮居廟位，語氣較強在卯、酉、辰、戌宮居平位，福氣稍弱。『天同坐命』者的守護神是《封神榜》周文王、姬昌，後世也禱福德正神為守護神。

『天同』單星坐命有分『天同居廟』與『天同居平』，又與遷移宮的星曜有關，其人生際過會大不同。

『天同坐命』巳、亥宮的人，是『天同居廟』，福星居廟十分享福的人，亦是在父母賺錢打拚正豐裕時生下他，但沒有時間照顧，故見遷移宮是『天梁陷落』。通常父母以給錢代表疼愛，此人的父母宮是『武府』，代表父母有錢，但小氣，可是還是會給，因此這個『天同坐命』者很會自得其樂的享受生活樂趣。

『天同坐命』卯宮、酉宮的人，是『天同居平』，對宮星『太陰星』，**『天同坐命』卯宮的人**，遷移宮的『太陰居旺』，表示其人出生時，家庭小康，父母也很疼愛與期待這個小孩，父母是薪水族，按步就班的過日子，此人一生都快樂，安穩的過日子，喜歡玩樂。

『天同坐命』酉宮的人，因遷移宮的『太陰居陷』，故出生時家庭較不富裕，父母易在工作上斷斷續續。其人一生也會有這些現象，此人且容易看人臉色長大，其本人雖也有些好玩，但人生較辛苦。

『天同坐命』辰宮或戌宮的人，其人本命『天同居平』，但遷移宮有陷落的『巨門』，這表示其人家窮，容易被送人做養子，或幼年父母經濟不好，父母離異，家庭破碎等事，其人一生之中是非多，其人出生時也易是帶有是非出生的，例如母親被強暴而結婚，或家中有官司之

人氣增財術

事等之。若不是如此，家中也必定窮困。

人界生活處世：

『天同坐命』**就是和『享福』有關**，如果享福少、太忙碌、操勞、傷災、家中有問題、或是非多、財少，便是『福不全』。

『天同坐命』巳、亥宮的人，父母宮是『武府』，父母百歲，會支助他，**朋友宮是『紫相』**，會結交對自己有幫助的朋友。**但夫妻宮、財帛宮為『空宮』**，表示其人內心聰明但想太多，有時也喜歡搞怪，有時也對自己的感情感到茫然，不明確。**其兄弟宮為『破軍』，子女宮為『廉貞』**，這表示和兄弟及子女的感情皆不佳。這是因為其六親宮中的星曜，多為『紫、廉、武』、『殺、破、狼』系列的星曜，而他本身是『機月同梁』格的人，故而磁場不一樣，而在精神與磁場上不諧調，這也是最要攻心之所在了。

『天同坐命』卯、酉宮的人，其父母宮為『武曲』，父母較有錢，亦有可能為軍警業。**其兄弟宮為『七殺』，**兄弟不和、較凶。**夫妻宮為『天梁居旺』，**表示會百年長之妻或夫婿。**子女宮為『廉相』，**子女二人乖巧，會幫父母料理事情。**其僕役宮為『紫府』，**表示所結交的朋友都是有錢之地位高的人。因此『天同坐命』卯、酉宮者最要攻心的人，就是父母和兄弟姐妹了。

『天同坐命』辰、戌宮的人，其父母宮為『武破』，父母窮，或為軍警業者，不富裕。**其兄弟宮和夫妻宮為『空宮』，**易有同父異母的兄弟，是表面融洽，實際不溝通的關係。其人內心感情模式多變化，陰晴不定。其配偶也是陰晴不定難纏的人。**其子女宮為『廉殺』，**生子不易，與子女關係也不算好，子女也為不太聰明，是會蠻幹之人。**其僕役宮為『紫貪』，**朋友多為地位高，但無法多溝通，有時也會以上對下，又假仁假義之人，不會真心對待你。由此可見，『天同坐命』辰、戌宮的人，六親關係皆不好，全都是須要攻心的。

對『天同坐命』者常常陪他玩或供給他玩

『天同坐命』者，多半比較天真、單純。因為『天同』也是類與小孩有關的星。『天同』又與享福有關，因此『天同坐命』者較喜歡玩樂享福。因此，只要有電動玩具、網上遊戲、出外旅遊活動，像遊樂園、迪士尼樂園玩耍、或是新奇有趣的新經歷，都會使『天同坐命』者開心不已，樂此不疲，而達到攻心效果。

『天同坐命』者的人氣增強術

『天同坐命』者全都是性格溫和的人，但溫和並不代表沒脾氣，他們是內在頑固的人，對於一向和自己不和的兄弟姐妹或情人、朋友之類的人，是死也不願去採取攻心術的。他是喜歡去對與自己融洽的人表現善意。但這容易造成與自己不和者，則永遠無法改善關係，因為你不願意採取攻心術之故。而與自己已融洽者，也無須再多使用攻心術了。

『天同』單星坐命者，只要放下自己的心防，尋找自己的好時間，順其自然的方法，也自然而然的能對想要攻心的對象，而完成攻心術了。這主要也是因為天生是福星坐命的關係所致。

第二節　『同陰坐命』者的人氣增財術

『同陰坐命』子午宮

紫微(旺) 七殺(平) 巳	午	未	申
天機(平) 天梁(廟) 辰			廉貞(平) 破軍(陷) 酉
天相(陷) 卯			戌
太陽(旺) 巨門(廟) 寅	武曲(廟) 貪狼(廟) 丑	命宮 **天同**(旺) **太陰**(廟) 子	天府(得) 亥

天府(得) 巳	命宮 **天同**(陷) **太陰**(平) 午	武曲(廟) 貪狼(廟) 未	太陽(得) 巨門(廟) 申
辰			天相(陷) 酉
廉貞(平) 破軍(陷) 卯			天機(平) 天梁(廟) 戌
寅	丑	子	紫微(旺) 七殺(平) 亥

『同陰坐命』者的天界庇蔭與人界生活

天界庇蔭守護神：

『同陰坐命』者，是指『天同』福星與『太陰』（月亮）同坐命宮的命格。會在『紫微在巳』及『紫微在亥』兩個命盤格式出現，位置在子宮或午宮。『同陰』在子宮，雙星居廟旺。『同陰』在午宮，雙星居平陷，較窮、為財少之命格。

『同陰坐命』者的守護神是《封神榜》中的周文王姬昌與紂王大將軍黃飛虎之夫人代表田宅之賈氏為守護神。後世的人也以觀世音菩薩、福德正神來為守護神。

『同陰坐命』者要分在子宮與在午宮者不同。在子宮坐命者，其出生時，其父母工作穩定，很富足，生活愉快，夫妻感情濃密。因此當

人氣增財術

『同陰坐命』者一出生就成為天之驕子或掌上明珠，但後來的命運還有沒有這麼好就很難說了。但至少在出生時是倍受寵愛的。

在午宮坐命者，其出生之時，家境較差，或父母疏於照顧。父母對子女的期待也沒那麼深，此人從小愛哭，也節儉，未來也能力不強，父母雖窮或不富裕，但還比他有錢、有運一點，會養他。

但是，『同陰坐命』者卻覺得父母較凶，無法溝通。『同陰坐命』者從小就很嬌貴、不好養。**其田宅宮是『天相陷落』**，一方面表示家中多是非，或家中財運會不穩。很多『同陰坐命』者幼年家中父母會有經濟問題的轉變，例如欠債、倒債之事，於是他年紀稍長，或青少年時期就要自食其力或顧家。

人界生活處世：

『同陰坐命』者，是福星與戀愛之星同守命宮的人，自然天生愛享福及愛談戀愛了。他們也長相美麗，男性文質瀟灑、挺拔，女性婀娜多姿豐腴、身材好。無論男女，都是眾人追逐喜愛的對象。因此，此命格的人也多容易為人所包養。

『同陰坐命』者在命盤上有夫妻宮、財帛宮、疾厄宮、遷移宮為『空宮』。這也表示這四個『空宮』所形成的環境、健康、感情及手邊可用之錢財較空茫，情況不明，還需要檢驗有無『羊、陀、火、鈴、劫、空』等煞星入內，以定人生層級及命運好壞。

另外，『同陰坐命』者的子女宮是『廉破』，代表不太容易生小孩，或者非自己親生的小孩，以及或者非婚生子女。親子緣份不佳。**其田宅宮是『天相陷落』，**表示容易家窮、或易家中遭是非、侵擾、另一方面也代表『同陰坐命』者的生殖系統子宮或男性蓄精能力不佳，以致生殖能力不佳。其人本身也不太喜歡小孩。

人氣增財術

『同陰坐命』者兄弟宮是『天府』，且跟兄弟姐妹親密。其僕役宮是『紫殺』，表示朋友皆高貴強悍之人，而性格溫和的『同陰坐命』者在人際關係上只是個附庸性的人物，從不想得罪人。

『同陰坐命』者，最喜歡談戀愛。本身又是外貌協會的人，注重情人的長相。但是會來追求他們的人，卻多半是多金又相貌有些抱歉的人，因此會與他們的擇偶條件相衝突。故而，他們常被困在兩難的境界裡。是要陪多金的醜男醜女過一生呢？還是要與心愛的帥哥美女一起過清高艱辛的樸素日子呢？這永遠是他們最煩惱的習題。但大多數『同陰坐命』者還是以愛情為重，而選擇後者。

由以上看來，『同陰坐命』者最需要用心交誼的對象就是與長輩、晚輩以及朋友間的關係。為什麼呢？**因為父母宮是『武貪』，**父母很強悍，不了解你，但父母較有錢，父母宮也代表長輩運，長輩會帶財運給

你，故需與長輩多採用攻心之法，這樣才會生活舒適，多享財福。

又因為子女宮是『廉破』，表示不一定會生育子女，而且會生出不好教養之子女。一般來說，『同陰坐命』者較喜歡談戀愛，也多半有自戀傾向，常常自己都顧不好了，那有時間跟心情去管到子女和晚輩呢？因此也不太能夠與晚輩相處。他自己都像個孩子了，也根本不知道比自己年輕的小孩會有什麼想法。但這是需要打破這些先天觀念才能對此較弱的關係有所修補的。

在朋友方面，因為『同陰坐命』者的朋友都是地位較高，又忙於打拚的人，也不太有空來與他閒談問候，但有用得到他的，便會直接找來了。所以『同陰坐命』者也不妨與朋友保持聯繫，也許未來有些事會幫得上你的忙。

人氣增財術

對『同陰坐命』者要用溫情與羅曼蒂克

要對『同陰坐命』者攻心非常簡單，『同陰坐命』者是重感情的人，如果對他好能讓他永遠記得，就是真正的攻心攻到家了，如何能讓他永遠記得呢？有個訣竅。

首先要看此『同陰坐命』者的命盤上『身宮』落於何宮而定。如果落在『命、遷、夫、福』等宮的話，表示此『同陰坐命』者愛玩、在家閒不住，因此羅曼蒂克的旅遊或與情人在特別地點的燭光晚餐、遊樂園的快樂玩耍，都是能對他攻心的方式。如果『身宮』是落在財帛宮的人，則送他鑽石、黃金飾品，以及代表高價值的股票、高爾夫球證，甚至送房子、汽車才能攻佔他的心。

如果『身宮』是落在官祿宮的人，則帶他以出差名義去旅行，一面工作一面遊玩，則會讓他心滿意足而心悅誠服的。

『同陰坐命』者的人氣增強術

『同陰坐命』者是溫和之感情綿密的人，常常讓人感覺沒魄力，但是在表達感情，表達關切上卻是用感情語言的第一把能手。只是要看他想不想？做不做而已了。有時他覺得別人愛對他凶而不想去招惹那些長輩或晚輩。其實你只要自己精打細算一下，估量一下在長輩、晚輩或朋友中誰最會給你好處或賺錢機會的，誰就是對你有利的人，就是適合多保持聯絡關係，就其需要而攻心了。不過長輩及朋友可能財運狀況都比你好，因此只要付出真誠的情感關懷，也就能攻心成功。但在晚輩方面可能需要破耗一些財物，也未必能獲得他的心！這是需要多細心觀察再做決定的。

第三節 『同巨坐命』者的人氣增財術

『同巨坐命』丑未宮

天機(平) 巳	紫微(廟) 午	未	破軍(得) 申
七殺(廟) 辰			酉
太陽(廟) 天梁(廟) 卯			廉貞(平) 天府(廟) 戌
武曲(得) 天相(廟) 寅	命宮 天同(陷) 巨門(陷) 丑	貪狼(旺) 子	太陰(廟) 亥

太陰(陷) 巳	貪狼(旺) 午	命宮 天同(陷) 巨門(陷) 未	武曲(得) 天相(廟) 申
廉貞(平) 天府(廟) 辰			太陽(平) 天梁(得) 酉
卯			七殺(廟) 戌
破軍(得) 寅	丑	紫微(平) 子	天機(平) 亥

『同巨坐命』者的天界庇蔭與人界生活

天界庇蔭守護神：

『同巨坐命』者，是指『天同』福星與『巨門』暗星同坐命宮的

命格。全在『紫微在午』及『紫微在子』兩個命盤格式出現，位置在丑宮或未宮，『同巨』雙星居陷，因此為較豐愉懶、愛享福，又是非多的命格。

『同巨坐命』者的守護神是《封神榜》中的周文王姬昌，與姜子牙之妻馬千金為守護神。後世的人也以張德正神及門神為守護神來膜拜。

『同巨坐命』者在其出生時，其父母必遇一弱運時間，凡事不想動，而且又與是非糾纏，因此很茫然，不知進退如何。有時候是家族叔伯們在爭財產，有時候是其父失業或正逢事業不佳之時。但父母還是很盡心照顧他，會照顧一輩子。父母就是他在財運上的主要金主。

『同巨坐命』者從小就是非多。但大多膽小，惹了事，惹了是非又躲起來看熱鬧。他與兄弟姐妹相互不瞭解，兄弟姐妹也不想帶他玩，但是他能在夾縫中求生存，也常能在別人有是非麻煩困難時，他再突顯自己的重要性。他不是很會講話、常被罵，但很愛做報馬仔，向當權派打小報告。在家中，就是向父母告狀，在學校則向老師告狀。平常也以許多馬路情報可以由能得到錢財利益的朋友處去傳遞消息，以便收取利益。

人界生活處世：

『**同巨坐命**』**者**，是福星也居陷，福少。『巨門』暗星也居陷，口舌是非多的人。因此，他們是流言蜚語的製造者。同時自己也會深陷流言、傳言、八卦消息的是非災禍之中，很難解脫。

『**同巨坐命**』**者的遷移宮與財帛宮都是『空宮』，官祿宮又是『天機居平』**，表示本身賺錢能力很差，因此常常不工作，或斷斷續續。**其福德宮為『陽梁』**，表示有極佳的貴人運。有長輩照顧。如果此人命格中有『陽梁昌祿』格的話，則會有出息，能以讀書致仕，做高級公務員，一生的成就會很高。如果無『陽梁昌祿』格的人，則一生無用。

『同巨坐命』的人雖大多數人在工作成就上不行，但六親關係卻十分好。例如父母宮為『武相』，父母會給他可享受的生活，並會為他料理很多事，非常會照顧他。**其兄弟宮為『貪狼』，**兄弟姐妹雖與他相互不瞭解，但兄弟姐妹的運氣、才能都比他好，有時，自然也會照顧到他。**其夫妻宮為『太陰』，**表示與配偶的感情深厚多情，可白首到老。**其子女宮為『廉府』，**子女是有交際手腕、喜好交際的人，也會有小康格局的舒適生活。**僕役宮是『紫微』，**表示朋友大多是地位高，能幫他忙的人，他也喜歡結交地位高或有錢的人。

由此看來，『同巨坐命』的人其實最要攻心的人，是對他最好的人，例如父母親、長輩、配偶、情人、及朋友等。

對『同巨坐命』者多讓他佔小便宜

前面說過，『同巨坐命』者心不大，貪點小便宜可佔便已甘心了。

但可別一直讓他在旁邊看到好康的，卻一直不給他，就會讓他發飆而到處去亂說話了。因此，你願意給他的讓他看到，不願給他的，千萬別讓他看到，如此一來對他攻心才會有效果。

『同巨坐命』者的人氣增強術

『同巨坐命』者是本命中財少的人，故常會小家子氣與喜貪小便宜，在性格上較小氣，是喜歡收而不喜歡給的人。當他要對別人攻心時，自然不想用財物來表達關心及好意。**因此，『同巨坐命』者對父母、長輩，只要能多順從、少頂嘴，**表示溫順有時候也嘴甜一點，父母、長輩就自然會多疼愛他一點或多給他一點錢財了。在與配偶的感情上，一向不錯，配偶會貼心的多體諒他，但固定的薪水家用一定要按時交出，則夫妻感情會更綿密。

在朋友方面，『同巨坐命』的人喜歡結交地位高及有權力的人，也常喜用特權做些例外之事，因此他也會替地位高的人做些小事及跑腿之事，藉以得到權位高者的青睞，以此來對朋友攻心。

第四節 『同梁坐命』者的人氣增財術

『同梁坐命』寅申宮

巳	天機(廟) 午	紫微(廟) 破軍(旺) 未	申
太陽(旺) 辰			天府(旺) 酉
武曲(平) 七殺(旺) 卯			太陰(旺) 戌
命宮 天同(平) 天梁(廟) 寅	天相(廟) 丑	巨門(旺) 子	廉貞(陷) 貪狼(陷) 亥

廉貞(陷) 貪狼(陷) 巳	巨門(旺) 午	天相(得) 未	命宮 天同(旺) 天梁(陷) 申
太陰(陷) 辰			武曲(平) 七殺(旺) 酉
天府(得) 卯			太陽(陷) 戌
寅	紫微(廟) 破軍(旺) 丑	天機(廟) 子	亥

『同梁坐命』者的天界庇蔭與人界生活

天界庇蔭守護神：

『同梁坐命』者，是指『天同』福星與『天梁』蔭星同坐命宮的命格，會在『紫微在未』及『紫微在丑』兩個命盤格式中出現。位置在寅宮或申宮。在寅宮的『同梁』命格是『天同居平、天梁居廟』，較愛操勞與工作，也喜歡照顧人，及本身也有貴人運，愛好好名聲。在申宮的『同梁』命格是『天同居旺、天梁居陷』，本身愛玩及享樂多，不太會照顧人，本身也無貴人運，不喜別人管，也不太重視名聲。

『同梁坐命』者的守護神是《封神榜》中的周文王姬昌與托塔天王李靖為守護神。後世的人也以王禪老祖及福德正神為守護神來膜拜。

『同梁坐命』者在其出生時，其父母必遇一需要休養生息，須要療傷止痛的弱運期，而且家中得到祖蔭，生此子來幫忙做復建家里與業的工作。但復建的工作很緩慢。**但『同梁坐命』者的子女宮也不好，是『廉貪』**，故會是一代不如一代。因此，『同梁坐命』者應當是家裡漸漸衰落中的一代了。其實從其父母那一代即已衰落了，故『同梁坐命』者在家裡與衰史中還向上振興了一下，只是運不及命而已。

人界生活處世：

『同梁坐命』者，在寅宮的人，『財、官』二宮都好，工作能力強，也能得蔭庇，命理財多一點。**而命坐申宮的人，**財帛宮的『太陰居陷』，官祿宮的『天機』雖居廟，但是非多，也會工作不穩定，但他們都是『機月同梁』格的人，故做薪水驗為慣。『同梁坐命』者都不想自己做老闆、怕麻煩，喜歡領薪就好。

『同梁坐命』者的六親宮中，只有兄弟宮是『天相廟』，和兄弟姐妹感情最好，兄弟姐妹也會照顧他，為他料理事情。**其他如父母宮是『武殺』**，表示父母窮或父母為軍警業，父母對他較凶。**其夫妻宮是『巨門』**，表示夫妻間、情侶間口角多，他自己與配偶都是難纏的人，而且結婚時有口舌是非糾紛，結婚曾一度受阻，或有二、三次戀愛不順的經驗，最後才結成婚。

其子女宮是『廉貪』，表示子女容易是不討人喜歡的人。如果子女宮再有『昌、曲』或『陀羅』入宮，表示子女是先有後婚生下之子，同時因為其田宅宮為『空宮』，有『廉貪』相照的結果。『同梁坐命』者容易家中多是非爭執，家中定有無品行之人，而無房地產及家產，家中較窮。

人氣增財術

對『同梁坐命』者陪他聊天當聽眾

『同梁坐命』者是『天同』福星與『天梁』蔭星同坐命宮的人。

故而天生有好享福，有時又愛管別人家閒事的性格（自己家的事不愛管，因為容易被父母或配偶罵或埋怨，索性不管。）如果有朋友約他一起吃吃喝喝帶去聊天抬槓，他一定會跟著去，而覺得很快活的。『同梁坐命』的人喜歡聊天（除非有文曲陷落在夫、遷、福、命四宮，就不愛說話了），**因為夫妻宮中有一顆『巨門居旺』的星，**其實他有一肚子話要說。但是配偶愛講話、又強勢，常不準他說，因此他喜歡在外面聊天。如此一來，你是要好好當個聽眾，聽他訴苦，適時的應答兩聲，他就會覺得你是個知心人了。

『同梁坐命』者的人氣增強術

『同梁坐命』者最要攻心的人顯然就是家中的父母、配偶、子女。要把『家』安好了，便能一世過舒服的日子。家安不好，便永在煩惱痛苦之中，要安家也不是那麼容易的事，最重要的是要有錢，才能安家，並對家人攻心。因此需要努力工作才行，如果好玩，不努力工作，那家裡一定是一團亂的。

第六章 『廉貞命格』的人氣增財術

第一節 『廉貞坐命』者的人氣增財術

『廉貞坐命』寅申宮

天同(廟) 巳	武曲(旺) 天府(旺) 午	太陽(得) 太陰(陷) 未	貪狼(平) 申
破軍(旺) 辰			天機(旺) 巨門(廟) 酉
卯			紫微(得) 天相(得) 戌
命宮 **廉貞**(廟) 寅	丑	七殺(旺) 子	天梁(陷) 亥

天梁(陷) 巳	七殺(旺) 午	未	命宮 **廉貞**(廟) 申
紫微(得) 天相(得) 辰			酉
天機(旺) 巨門(廟) 卯			破軍(旺) 戌
貪狼(平) 寅	太陽(陷) 太陰(廟) 丑	武曲(旺) 天府(廟) 子	天同(廟) 亥

『廉貞坐命』者的天界庇蔭與人界生活

天界庇蔭守護神：

『廉貞』單星坐命者，是指命宮中只有一顆『廉貞』囚星在命宮的人。同時也是指『廉貞』在『紫微在辰』命盤格式中在申宮入命，與在『紫微在戌』命盤格式中在寅宮入命的命格。『廉貞』在寅、申宮皆居廟位。

『廉貞坐命』者的守護神是《封神榜》中以司邪惡及歪曲的費仲為守護神。『廉貞』同時也是司品序制度、權令之星、為官祿主，為囚星主官非、為次桃花，為善惡兼具之星。後世也以關聖帝君為守護神來膜拜。

『廉貞坐命』者在其出生時，其父母必遇一事須要運籌帷幄常苦思，或暗地進行。**例如：**父母正為父親的升官機會謀利之類的。或是父母正為做生意，賺大錢之類的事謀劃。而此時，父母的運氣還不差，因此會生下『廉貞居廟』坐命的小孩。日後此子女也是多計謀，善暗中謀劃之人。也會對政治有興趣，時常身處人世間的大小政治風暴之中。

人界生活處世：

『廉貞坐命』者從小膽子大，不服輸，最易沾惹酒色財氣，而易惹官非。『廉貞』也為官星，因此『廉貞坐命』者也好做官，掌權威，其人財官二位都是一極棒，財帛宮為『紫相』，收入多會存錢理財，能過舒服日子，用處不愁。官祿宮為『武府』，做軍警職中管財務為佳。一般做公務員也能也高收入。

『廉貞坐命』者，自我意識較強，較自私、喜爭強鬥狠，故在政治圈中的人，大多是『廉貞坐命』者。其『夫、遷、福』三合宮位在

『殺、破、狼』格局之上，故是一生辛勞、愛算計、性格強硬內狠的人。如此才能在政治中鬥爭。

『廉貞坐命』者在命盤上有二個『空宮』，分別是父母宮與兄弟宮，因此『廉貞坐命』者多離鄉打拚，六親多靠。**其子女宮是『天梁陷落』**，對子女照顧不良。

因此可知『廉貞坐命』者對家人的關係是較虧欠的。他一生最要攻心的也是家人，父母、配偶、子女等人。**其僕役宮是『日月』**（太陽、太陰）表示在他朋友中如果有男性朋友，多半是地位不如他，或性格沉悶的人。如果是女性較對他有力，會幫助他。『廉貞坐命』者並無真正的朋友，這是因為善爭鬥，及喜歡先講利益多寡的問題，所以他多半與一起打拚的配偶做生命是同體，對其他家人及朋友較不著重。但有要利用到的時候，也需表面上做一些攻心的手腕，表示一下。

人氣增財術

對『廉貞坐命』者要有利益

前面說過，只要有利益及利害關係在，就能對『廉貞』單星坐命的人攻心，沒有利益及利害關係，他是不會和你隨便應酬吃飯的，因為太浪費時間了。當『廉貞坐命』者來和你打招呼、舉談時，你就該知道，他是有何目的來的，而且要先想好，你能給他什麼？能給多少？否則這段朋友關係是很短暫而不長的了。

『廉貞坐命』者的人氣增強術

『廉貞』單星坐命者要攻心的對象是自己的家人父母、兄弟、子女等。其實他們只要平時常聯絡關懷一下就能對這些家人攻心了。但是他仍會常藉口很忙，不想去做。有時候他也會覺得去問候，很肉麻，而不想去做。因此『廉貞坐命』者多半是個疏於禮儀的人。自己又很頑固，不肯聽勸，從小也是很難教育的人，不過，只要有利益及利害關係，他就會很勤快的來聯絡及問候了。

第二節 『廉府坐命』者的人氣增財術

『廉府坐命』辰戌宮

太陰(陷) 巳	貪狼(旺) 午	天同(陷) 巨門(陷) 未	武曲(得) 天相(廟) 申
命宮 **廉貞**(平) **天府**(廟) 辰			太陽(平) 天梁(得) 酉
卯			七殺(廟) 戌
破軍(得) 寅	丑	紫微(平) 子	天機(平) 亥

天機(平) 巳	紫微(廟) 午	未	破軍(得) 申
七殺(廟) 辰			酉
太陽(廟) 天梁(廟) 卯			命宮 **廉貞**(平) **天府**(廟) 戌
武曲(得) 天相(廟) 寅	天同(陷) 巨門(陷) 丑	貪狼(旺) 子	太陰(廟) 亥

『廉府坐命』者的天界庇蔭與人界生活

天界庇蔭守護神：

『廉府坐命』者是指有『廉貞』因星與『天府』財庫星同坐命宮的人。這是『紫微在子』及『紫微在午』兩個命盤格式中會出現的。位置是在辰宮或戌宮，皆是『廉貞居平』、『天府居廟』。

『廉府坐命』者的守護神是《封神榜》中以費仲及主才能、慈悲的紂王之姜皇后為守護神，因『廉貞居平』的關係，故費仲的力量較小。後世也以關聖帝君及南斗星君來膜拜。

『廉府坐命』者在其出生時，其父母是正逢小康的經濟環境。父母為薪水族或公務員，生活穩定舒服，幾乎不用多花腦筋去賺錢，因此誕生此子女，其未來也是會過一小康格局的生活。因為『廉貞居平』的關係，代表不必用太多腦筋，『天府居廟』代表很會存錢、保守、計較、一板一眼、胳臂肘向內彎。

人界生活處世：

『廉府坐命』者，有很好的『財、官』二位。財帛宮為『紫微』。賺錢花錢都很高級，能有高收入，買東西很講究高級精緻。**官祿宮為『武相』，**表示工作上適合做與民生物貨有關的行業，能賺得生活享受無慮。

『廉府坐命』者，最好的是僕役宮，為『陽梁』，表示有貴人運，有長輩貴人會幫助你一生順利，步步高升，及賺大錢。但其命盤上有二個空宮，分別是兄弟宮與子女宮，表示兄弟少或兄弟成就不如你。子女的成就也會不如你。並且表示你和兄弟姐妹及子女的關係淡薄。

因此，『廉府坐命』者一方面應該對自己有利的朋友、長輩友人攻心。也一方面應對與自己關係淡薄的兄弟姐妹、子女多關心。

對『廉府坐命』者創造新鮮感

『廉府坐命』者的夫妻宮是『破軍』，代表內心想法大膽，與其人原來的外表不一樣，當然也容易有多次婚姻，因為看不準的原故。因此你要討好『廉府坐命』者，向他攻心，最好要想一些新招，或從未做過的新鮮事情，讓他有驚喜，送禮物也要新奇價值高，精緻才能對他攻心。

『廉府坐命』者的人氣增強術

『廉府坐命』者要對人攻心分兩方面。一是要對會幫助自己的貴人來攻心。因為這些貴人會幫你賺錢，因此你會跑得很勤快去問候。再加上廉府坐命者很會交際，因此貴重的禮物是不會少的。而且『廉府坐命』者也會投其所好的送禮，能相互乳水交融。另一方面，『廉府坐命』者要對自家人的兄弟姐妹及子女攻心，但『廉府坐命』者會覺得自家人何必多此一舉，故常忽略而不去做，只要常記得自家人的生日送些小禮物，其實很簡單的也能攻心成功了。

第三節 『廉相坐命』者的人氣增財術

『廉相坐命』子午宮

太陽 旺 巳	破軍 廟 午	天機 陷 未	紫微 旺 天府 得 申
武曲 廟 辰			太陰 旺 酉
天同 平 卯			貪狼 廟 戌
七殺 廟 寅	天梁 旺 丑	命宮 **廉貞** 平 **天相** 廟 子	巨門 旺 亥

巨門 旺 巳	命宮 **廉貞** 平 **天相** 廟 午	天梁 旺 未	七殺 廟 申
貪狼 廟 辰			天同 平 酉
太陰 陷 卯			武曲 廟 戌
紫微 旺 天府 廟 寅	天機 陷 丑	破軍 廟 子	太陽 陷 亥

『廉相坐命』者的天界庇蔭與人界生活

天界庇蔭守護神：

命宮中有『廉貞、天相』一同坐命宮的人，是指命宮有『廉貞』囚星與『天相』福星、印星一同坐命宮的命格。此種命格會在『紫微在寅』及『紫微在申』兩個命盤格式中出現。位置在午宮或子宮，皆是『廉貞居平、天相居廟』的旺度，表示主要以『天相』福星復建的功能為主。

『廉相坐命』者的守護神是以《封神榜》中的費仲及紂王的大臣聞太師為主要守護神。這兩位神祇皆代表官祿，司品序制度為掌權令之星亦是一半囚星主宮非，一半又是『天相』主公平公正之印星，故是非之同常自拉鉅戰。後世也以關聖帝君、諸葛孔明、福德正神等神祇為守護神來膜拜。

『廉相坐命』的人，其出生時，必逢家窮或家族、家庭中有紛爭需要解決。有時也是其父母正逢工作或生活上有棘手之事需要幫忙解決。而此子一出生之後，原先的混亂場面略有改善，但問題始終存在此人的周遭環境中，只是大家已能與此問題共存了而已。

因此『廉相坐命』的人一生都在混亂的環境中生長，生活，愈亂對他愈有利，人生的機緣變化也愈多。如果太平靜，此人必遭欺侮，因本身會有『刑囚夾印』的格局，便無法回復，復建周圍混亂的局面，反而惹禍傷及自身了。

人界生活處世：

『廉相坐命』的人，大致看起來『財、官』二位都不錯。財帛宮是『紫府』，官祿宮是『武曲居廟』。表示其人喜愛賺錢及政治。即使從事政治也是為了賺錢。**前總統陳水扁先生與鴻海集團的郭台銘先生都是『廉相坐命』的人。**

『廉相坐命』身處『紫微在寅』及『紫微在申』兩個命盤格式之中，是唯有這二個命盤格式是沒有『空宮』的命盤格式，因此算是較強的命盤格式，『廉相坐命』者的『夫、遷、福』等宮在『殺、破、狼』格局之上，故喜歡向外爭戰打拚，有積極力。

其六親宮中父母宮是『天梁居旺』，但要沒有『羊、陀、火、鈴、劫、空、化忌』等七凶星者才對他有幫助，其他宮亦同。**兄弟宮為『巨門』，**表示兄弟間多是非口角，永無寧日。**夫妻宮為『貪狼居廟』，**表示配偶會為他帶來好運，但他與配偶之間關係不親密，彼此不瞭解。凡是夫妻宮有『貪狼』的人皆表示其人易粗心大意，內在粗俗，敏感性差，也不願多體會家人間的情感深厚度，他們會為了賺錢打拚而忽略家庭，並且對配偶、家人多不瞭解，引起抱怨。**其子女宮為『太陰』，**表示以女兒較貼心。但如果庚年生有『擎羊』、『天空』、『地劫』在子女宮，早些生育會有子女，但子女多敗兒，未來家產也在子女手上敗光。也要小心無子送終。

『廉相坐命』者的僕役宮為『太陽』。『太陽居旺』者，朋友會在事業上幫助你，對你有力。**『太陽居陷』者，**表示朋友皆是事業不佳，性格又內向，不愛說話很保守的人，對你的助益小。由此看來，『廉相坐命』者最需要攻心的就是配偶和子女了。

對『廉相坐命』者給予賺錢機會

『廉相坐命』者非常愛賺錢及工作。因此要對『廉相坐命』者攻心，其實只要提供給他好運的賺錢機會，他就十分的開心、感恩了。又因為『廉相坐命』者有『武貪格』暴發運，偏財運較多，因此提供他中樂透的明牌號碼也能讓他開心不已。

『廉相坐命』者的人氣增強術

『廉相坐命』者一生忙碌，最需要向家庭中的成員如配偶和子女攻心。在對待配偶方面，他一向不喜歡說甜蜜的話，也覺得送花給配偶很肉麻，但如果配偶很愛吵，如果覺得可以減少自己的麻頭，其實他也會不怕肉麻的送花。

其實『廉相坐命』者只要多抽一點時間關心配偶與子女，多陪他們說說話，或假日多參加一些家庭活動，一同外出郊遊及參與子女生長的過程，便能對配偶、子女攻心了，但不容易做到。

第四節　『廉殺坐命』者的人氣增財術

『廉殺坐命』丑未宮

武曲(平) 破軍(平) 巳	太陽(旺) 午	天府(廟) 未	天機(得) 太陰(平) 申
天同(平) 辰			紫微(旺) 貪狼(平) 酉
卯			巨門(陷) 戌
寅	命宮 **廉貞(平) 七殺(廟)** 丑	天梁(廟) 子	天相(得) 亥

天相(得) 巳	天梁(廟) 午	命宮 **廉貞(平) 七殺(廟)** 未	申
巨門(陷) 辰			酉
紫微(旺) 貪狼(平) 卯			天同(平) 戌
天機(得) 太陰(旺) 寅	天府(廟) 丑	太陽(陷) 子	武曲(平) 破軍(平) 亥

『廉殺坐命』者的天界庇蔭與人界生活

天界庇蔭守護神：

命宮中有『廉貞、七殺』一同坐命宮的人，是指命宮中有『廉貞』因星與『七殺』殺星同坐命宮的命格。此種命格會在『紫微在卯』及『紫微在酉』兩個命盤格式中出現。位置在未宮或丑宮，皆是『廉貞居平』、『七殺居廟』的旺度。表示主要以蠻幹打拚為主的命格。

『廉殺坐命』者的守護神是以《封神榜》中的費仲及紂王的大將軍黃飛虎為主要守護神。後世也以關聖帝君，福德正神為守護神來膜拜。

『廉殺坐命』者，其出生時，其父母很忙，忙著賺錢奔波，無暇顧及小孩。很多『廉殺坐命』者家裡也有家產，但從小生活節儉清苦。『廉殺坐命』者本身是帶有刑剋而出生的人，有些由長兄、長姐帶大，有些移枝外家，為人收養，其出生之時，家中都會逢到一些問題發生。大多是以家窮和家族間有問題。未來也要小心身體上有疾病及行運上的問題。最好有宗教信仰為佳。

人界生活處世：

『廉殺坐命』者，是財帛宮為『紫貪』，官祿宮為『武破』。表示手上可流通的錢財常順利，也會有突如而來的錢財可用，一生錢財無慮。但其人的工作以做軍警業為佳，否則會做職位低、賺錢不多、需要十分打拚出力，精力破耗很多的工作。『廉殺坐命』者除非有『陽梁昌祿』格的人適合做法官、律師，為刑名師爺。其他做文職則賺錢少，『廉殺坐命』者做金融業，是『因財被劫』的格式，因官祿宮就是『武破』了，故必有錢財上的破耗。『廉殺坐命』者做一般的上班族為佳。

『廉殺坐命』者之六親宮，父母宮為『空宮』，有『機陰相照』，與父母不親密，緣份也淡薄。也會影響其一生命運。有些人便容易做人養子、養女。未來長輩運老闆運皆不佳。**其兄弟宮為『天梁居廟』，**易由家中長兄、長姐帶大，自己本身也會照顧弟妹，對同輩有慈愛心。**夫**

妻宮的『天相』居得地之位。表示配偶是個好幫手，能幫你擺平很多事。在家務與外務方面都能幫忙你，夫妻間感情也親密。**其子女宮是『巨門陷落』，**表示頭子難，生過一個孩子後較易懷孕生子。『廉殺坐命』者先天有肝腎較弱的毛病，故在生育上會遇困難，未來在子女教育上也易與子女觀念不合，多爭吵是非。或子女容易養不活，這些大都是與子女緣份淺之故。

『廉殺坐命』者之僕役宮為『太陽』，表示朋友皆為心地寬厚之人。**『太陽居旺』者，**表示朋友的事業旺，地位高。**『太陽居陷』者，**表示朋友的事業、地位較差，性格內向，不愛說話。

由此看來，『廉殺坐命』者最重要攻心的是父母、長輩與子女、晚輩等人了。

對『廉殺坐命』者給錢或給工作

要對『廉殺坐命』者攻心，其實也非常簡單。**只需看其『身宮』是落在財帛宮或官祿宮，**給他賺錢機會就直接可攻心了。**『身、命』同宮或『身宮』在遷移宮的人，**也可用此辦法。『廉殺坐命』者喜操勞，因此很少有『身宮』落在夫妻宮或福德宮的人。因此享福之事及談戀愛之事就不必用來攻心啦，因為享福及談戀愛之事都是用來達到結婚目的，除此之外就不會再用了！

『廉殺坐命』者的人氣增強術

『廉殺坐命』者需要攻心的是父母、長輩與子女、晚輩等人。『廉殺坐命』者一向保守，小時候較膽小，某些人長大後變凶暴，也有些人與父母分離，做人養子或幼年父母亡故，而生活辛苦。但不論有無父母，『廉殺坐命』者都不太會與長輩相處，也不知如何相處，這是『廉殺坐命』者要學習的事。

『廉殺坐命』者性格都很剛直，不會說甜蜜的話語，肢體語言也笨拙，不靈光，有時候在長輩旁邊常遭白眼對待，因此不太願意多待在長輩旁邊。但『廉殺坐命』者有忠厚老實的面貌，只要能多忍耐，頻頻守候，多付出關心照顧長輩，遲早長輩會看得見你的優點而接納你的。你就能達致攻心目的了。

『廉殺坐命』者對子女，常覺得太麻煩，而完全沒辦法，其實子女太聰明、口才太好你也說不過他，只要耐心從旁協助，讓子女自由發展，多付出關愛自然能與子女感情相通了。

『廉殺坐命』者因為性急又剛硬，凡事沒用腦子想很多，在生活上會與週遭人有不合現象。多花些腦子想想如何化解才是使自己幸福的真正方法。**命宮再有『擎羊』的人是性格自私的人，**但為了要使別人都對自己好，還是先要對別人攻心，才能達到目的。

第五節 『廉破坐命』者的人氣增財術

『廉破坐命』卯酉宮

天府(得) 巳	天同(陷) 太陰(平) 午	武曲(廟) 貪狼(廟) 未	太陽(得) 巨門(廟) 申
辰			天相(陷) 酉
命宮 **廉貞**(平) **破軍**(陷) 卯			天機(平) 天梁(廟) 戌
寅	丑	子	紫微(旺) 七殺(平) 亥

紫微(旺) 七殺(平) 巳	午	未	申
天機(平) 天梁(廟) 辰			命宮 **廉貞**(平) **破軍**(陷) 酉
天相(陷) 卯			戌
太陽(旺) 巨門(廟) 寅	武曲(廟) 貪狼(廟) 丑	天同(旺) 太陰(廟) 子	天府(得) 亥

『廉破坐命』者的天界庇蔭與人界生活

天界庇蔭守護神：

命宮中有『廉貞、破軍』一同坐命宮的人，是指命宮中有『**廉貞**』囚星與『**破軍**』**耗星同坐命宮的命格**。此種命格會在『紫微在巳』及『紫微在亥』兩個命盤格式中出現，位置在酉宮或卯宮。皆是『廉貞居平』，『破軍居廟』的旺度。

『廉破坐命』者的守護神是以《封神榜》中的費仲及代表破耗的殷紂王為主要守護神，後世也以關聖帝君，福德正神為守護神來膜拜。

『廉破坐命』者，其出生時不是家窮就是家破，父母離異，或父母不在了，或遇家門不幸之事，或其他破破爛爛，家族是非、爭鬥之事。其遷移宮為『天相陷落』，表示其出生就是在一個不安定，福少，較辛苦，自幼又容易受欺侮的環境之中。『廉破坐命』者像一株歷受風雨吹殘的小樹苗，在瓦礫堆中冒出芽來。因其有堅韌的生命力及性格而得以生存。

人界生活處世：

『廉破坐命』者，其財帛宮為『紫殺』，官祿宮為『武貪』，表示『廉破坐命』者要等自己成年之後，有工作能力就能為自己打拼，而有成就。其人在事業上、工作上有好運。最適合做軍警業，文職不宜，也適合在政治圈中參與爭鬥，台灣立法委員中就有很多『廉破坐命』者。因此立法院之混亂，是可想而知的。

『廉破坐命』者完全要靠自己打拼，是屬於六親無靠之人，其命盤上四個『空宮』即是：父母宮、兄弟宮、夫妻宮、子女宮。而僕役宮又是『陽巨』，代表朋友以男性友人為好，而朋友間是非口舌多，常讓他要出來主持公道。

『廉破坐命』是生性大膽，不顧忌禮儀，敢於改變傳統規矩，天不怕地不怕之人。因此根本不重視長幼輩份之觀念，如果有祿存或之置在命宮、遷移宮的話，此人會較知禮儀，但會怯懦。

『廉破坐命』者也容易有多次婚姻，也不會計較配偶的身份高低。在子女方面，『廉破坐命』者並不重視，有些人也不生子女。如果有子女的話，則以女兒較貼心，『廉破坐命』者必須有子女才會有家財，這點是非常重要的。

由以上看來，『廉破坐命』者最重要的是需向家人攻心。家人中以父母及配偶的地位最重要。如果無父母則以配偶為重要，如此才能成就一個家庭，否則容易當孤家寡人。

對『廉破坐命』者的怪癖投其所好

『廉破坐命』者多半是身忙心也忙，閒不下來的人。但其福德宮為『天府』表示其人先天上是喜歡享受之人。因此你要看此『廉破坐命』者喜歡那一類的享受，再加以投其所好而攻心。喜歡吃的人，『廉破坐命』者多半口味很怪，有些喜歡吃食怪物品（如虫蟻、動物肉類），有些喜歡極強、極酸的口味。

『廉破坐命』者不重穿著，穿著邋遢。但會喜歡做奇怪之事，有些行為也會違反社會秩序，因此想對其攻心者，應以正常之人情世故為主要原則，才不會做違法之事。

『廉破坐命』者的人氣增強術

『廉破坐命』者如果還有父母在的話，應主動對父母攻心，如此還有家產可得，如果沒有父母的人，則努力照顧配偶也是對自己家庭有利的事。

『廉破坐命』者常有許多出奇不異的點子，可以拿來表現一下對父母、長輩的孝心及對配偶的關愛。『廉破坐命』者都不怕花錢，又捨得花，行為大膽，又喜歡表現，唯獨不要太囂張，太自以為是，否則你自以為是攻心法，而造成家人的煩惱、麻煩，這也就無法真正攻心了。最好是投其所好的送些新奇的禮物就好，不要搞太奇怪的活動，以防適得其反。

第六節　『廉貪坐命』者的人氣增財術

『廉貪坐命』巳亥宮

命宮 廉貞(陷) 貪狼(陷) 巳	巨門(旺) 午	天相(得) 未	天同(旺) 天梁(陷) 申
太陰(陷) 辰			武曲(平) 七殺(旺) 酉
天府(得) 卯			太陽(陷) 戌
寅	紫微(廟) 破軍(旺) 丑	天機(廟) 子	亥

巳	天機(廟) 午	紫微(廟) 破軍(旺) 未	申
太陽(旺) 辰			天府(旺) 酉
武曲(平) 七殺(旺) 卯			太陰(旺) 戌
天同(平) 天梁(廟) 寅	天相(廟) 丑	巨門(旺) 子	命宮 廉貞(陷) 貪狼(陷) 亥

『廉貪坐命』者的天界庇蔭與人界生活

天界庇蔭守護神：

命宮中有『廉貞、貪狼』一同坐命宮的人，是指命宮中有『廉貞』囚星、『貪狼』運星同坐命宮的命格，此種命格會在『紫微在丑』、『紫微在未』兩個命盤格式中出現，位置在巳宮或亥宮，皆是『廉貞』及『貪狼』皆居陷位的旺度。表示運氣低落，不受歡迎，外人對其不友善。

『廉貪坐命』者的守護神是以《封神榜》中的費仲及主慾望之妲己為守護神。後世也以關聖帝君，八仙等為守護神來膜拜。

『廉貪坐命』者，其出生時是屬於來的不是時候的人，無法得到家人的喜愛，但家人最後仍是會接受他。『廉貪坐命』者出生時容易送人做養子，有些在育幼院中長大。若在一般家庭中，則父母教養嚴，父母易爭吵，是非多或遇父母離婚，狀況不佳。其人從小與姐妹情厚，一生也容易起起伏伏，要三十歲以後才會開運。

人界生活處世：

『廉貪坐命』者，最適合做軍警業，三十歲至二十五歲開運，能有出息。做之職發展較小。其財帛宮為『紫破』，官祿宮為『武殺』。其人平時小氣，但對自己花錢大方，需努力打拚才能賺到錢。『財、福』二宮有『文昌』、『文曲』同入宮者為一生窮命，也是格調高，少成就之人。

『廉貪坐命』者在外面人緣不佳，但在家中與父母不合，父母間容易爭吵。他與姐妹親密。與配偶也感情好，夫妻宮為『天府』，財庫在配偶身上，因此婚後的家庭才是其人生的重心，其子女宮為『空宮』，有『同梁相照』，也能有乖巧的子女，可享老福奉養，其僕役宮為太陽，朋友都是性格寬宏之人。

由此可見，『廉貪坐命』者最要攻心的是父母及長輩的關係，及子女和晚輩關係。

對『廉貪坐命』者要能逗其開心

『廉貪坐命』者本身命盤格式的關係，平常好時間不多，因此常擺臭臉不開心，容易早上有起床氣，或早晚有內心不愉快的問題，平常能使其開懷、放下心防，或內心重負的人、能使其開心的人，就能對其攻心成功。例如其配偶就常會扮演此角色，使其寬心，而有安全感，因此外人也一樣可用此法對其攻心。

『廉貪坐命』者的人氣增強術

『廉貪坐命』者之所以令人討厭，主要是常板著一張臭臉，看到人也不打招呼，讓人以為又得罪他了，其實是他自己常想到不快樂之事而造成的。若要他心情好或自己注意保持好心情，記得向父母或長輩、上司、老闆笑臉以對，常加問候，對子女或晚輩也能和顏悅色聊上一、二句話，也能使人對他改觀，而能對別人攻心了。

第七章 『天府』、『太陰』、『貪狼』單星坐命的人氣增財術

第一節 『天府坐命』者的人氣增財術

『天府坐命』丑未宮

天相(得) 巳	天梁(廟) 午	廉貞(平) 七殺(廟) 未	申
巨門(陷) 辰			酉
紫微(旺) 貪狼(平) 卯			天同(平) 戌
天機(得) 太陰(旺) 寅	命宮 **天府**(廟) 丑	太陽(陷) 子	武曲(平) 破軍(平) 亥

武曲(平) 破軍(平) 巳	太陽(旺) 午	命宮 **天府**(廟) 未	天機(得) 太陰(平) 申
天同(平) 辰			紫微(旺) 貪狼(平) 酉
卯			巨門(陷) 戌
寅	廉貞(平) 七殺(廟) 丑	天梁(廟) 子	天相(得) 亥

『天府坐命』巳亥宮

命宮 天府(得) 巳	天同(陷) 太陰(平) 午	武曲(廟) 貪狼(廟) 未	太陽(得) 巨門(廟) 申
辰			天相(陷) 酉
廉貞(平) 破軍(陷) 卯			天機(平) 天梁(廟) 戌
寅	丑	子	紫微(旺) 七殺(平) 亥

紫微(旺) 七殺(平) 巳	午	未	申
天機(平) 天梁(廟) 辰			廉貞(平) 破軍(陷) 酉
天相(陷) 卯			戌
太陽(旺) 巨門(廟) 寅	武曲(廟) 貪狼(廟) 丑	天同(旺) 太陰(廟) 子	命宮 天府(得) 亥

『天府坐命』卯酉宮

廉貞(陷) 貪狼(陷) 巳	巨門(旺) 午	天相(得) 未	天同(旺) 天梁(陷) 申
太陰(陷) 辰			武曲(平) 七殺(旺) 酉
命宮 天府(得) 卯			太陽(陷) 戌
寅	紫微(廟) 破軍(旺) 丑	天機(廟) 子	亥

巳	天機(廟) 午	紫微(廟) 破軍(旺) 未	申
太陽(旺) 辰			命宮 天府(旺) 酉
武曲(平) 七殺(旺) 卯			太陰(旺) 戌
天同(平) 天梁(廟) 寅	天相(廟) 丑	巨門(旺) 子	廉貞(陷) 貪狼(陷) 亥

『天府坐命』者的天界庇蔭與人界生活

天界庇蔭守護神：

『天府』單星坐命者，是指**命宮在丑宮**『紫微在卯』、**命宮在卯宮**『紫微在丑』、**命宮在巳宮**『紫微在亥』、**命宮在未宮**『紫微在酉』、**命宮在酉宮**『紫微在未』、**命宮在亥宮**『紫微在巳』**等位置出現的命格。**

在丑、未宮者為『天府居廟』坐命者，能儲存的財多。在酉宮，『天府居旺』坐命者，也能儲財多。在巳、亥、卯宮為『天府』居得地之位坐命者，是屬於儲財能力稍差的命理格局，但卻也有財可用。**『天府坐命』者的守護神以《封神榜》中的紂王之姜皇后主掌才能、慈悲主菩薩為守護神。**後世也以南斗星君，福德正神來膜拜。

『天府坐命』者，其實要分其命格中帶財的多寡與其父母宮『大

人氣增財術

陰』的旺弱來看其出生時的狀況。『天府坐命』者多半誕生在父母是薪水族，而家庭狀況也即將稍有餘諸，會稍有一點存款時，會誕下此子。有些『天府坐命』者，父母宮的『太陰居陷』，表示仍是在父母經濟狀況不佳時誕生，不過此子會帶財來，因此奶粉錢是會有的了。**居廟的『天府坐命』者，其遷移宮是『廉殺』**，表示本命財多，只要笨笨的打拚便會有財。**在卯、酉宮的『天府坐命』者，遷移宮是『武殺』**，是『因財被劫』的格式，因此也是辛苦打拚，賺錢少，但仍能存錢，有生活無慮的命格。

人界生活處世：

『天府』單星坐命者，都是財帛宮為『空宮』，官祿宮為『天相』，這表示『天府坐命』者的財運仍是不確定的，而且『天府坐命』者只是為人數鈔票，為人存錢，而錢並不一定是自己的。因此『天府坐命』者多半會做會計、出納或一般上班族，並不一定真正自己是大財主，或做大老闆。**不過已逝世的蔡萬霖先生也是『天府』在酉宮坐命的人，也曾是台灣首富，**他是做保險業起家的，也就是聚集眾人之財而生出自己之財出來的。

◎『天府坐命』丑、未宮者

『天府坐命』丑、未宮的人，其財帛宮和疾厄宮為『空宮』，較弱。因此其人手中可用的錢財多寡和個人的身體健康有密切的關係。健康的身體壯的，手中的錢財就餘裕豐盛。身體弱的，平常手中的錢財用度就會少或拮据了。

『天府坐命』丑、未宮的人其六親宮是：父母宮為『機陰』，表示父母是薪水族，父母情緒不穩，性格常陰晴不定，使你害怕，難相處。

兄弟宮為『太陽』，『太陽居旺』者，有能力強、成就好的兄弟。**『太陽居陷』者，**為有內向、話少、能力弱，成就不顯的兄弟。**夫妻宮為『武破』，**表示配偶窮，經濟狀況不佳，也可能為軍警職。**其子女宮為『天同居平』，**表示子女乖巧、溫和、平常。**其僕役宮為『天梁廟』，**表示有年長的朋友常照顧，使你受惠不少。**『天府坐命』丑、未宮者的田宅宮為『巨門陷落』，**表示家中窮又是非爭鬥多，長大後又因為自己內心窮又選到窮的配偶，故也造成後來的家窮。

因此，天府坐命丑、未宮者最要攻心的人，一、是能時常照顧你的朋友貴人。二、是要對配偶好，或是還未結婚者，先要檢驗自己的眼光和想法，才不至於又找到窮的配偶。

◎『天府坐命』卯、酉宮者

『天府坐命』卯、酉宮者，是財帛宮和兄弟宮為『空宮』，表示人生的助力弱，其人有時候也會有兄弟姐妹，大多是他幫助兄弟姐妹者較多，受益較少。**其人因福德宮為『廉貪』，相照財帛宮，**因此手中的財運也很差，也是天生較命窮的『天府坐命』者，不過，此命格的人天生會存錢，因此會把自己的生活照顧得比別人好，表面看起來還比別人富足有錢呢！

『天府坐命』卯、酉宮的人其六親宮：父母宮為『太陰』，父母為薪水族，『太陰』為旺者，父母較富足，而且對其人關愛有加。『太陰』居陷者，父母較窮且對其人感情較淡。**兄弟宮為『空宮』，**也容易有同父異母的兄弟，彼此感情淡薄。**夫妻宮為『紫破』，**表示配偶是外表長

人氣增財術

的體面，但會大手大腳的花錢浪費的人，也可能是落迫的名門之後，有浪費習慣的人，同時你自己的內心也喜歡這種自以為高尚，但可能為不正常的門第關係的婚姻。例如：此命格的人較會高攀豪門而結婚。因此未來有很多房地產。**由其田宅宮為『巨門居旺』就可知道**。其人的子女宮為『天機居廟』，表示有子女二人，聰明、智慧高，但兄弟間是非多、不和。**其僕役宮為『同梁』**，表示朋友是溫和好相處的人，但『天府坐命』酉宮的人會有貴人型朋友。而『天府坐命』卯宮的人，則無。

由此可見：『天府坐命』卯宮者，父母窮，又無長輩型、貴人型朋友照顧，兄弟感情也弱。因此最要攻心的，就是長輩與平輩之關係。**而『天府坐命』酉宮的人**，其長輩和平輩的關係都不錯，則要攻心的人是配偶或情人間的關係了。

◎『天府坐命』巳、亥宮者

『天府坐命』巳、亥宮者，有兄弟宮、子女宮、財帛宮、疾厄宮都是『空宮』，再加上夫妻宮是『廉破』，官祿宮是『天相陷落』，都較弱。

因此『天府坐命』巳、亥宮者完全要看自己的想法好壞來塑造自己的命運了。也就是要看福德宮和夫妻宮的營謀技術來左右自己的人生命運了。福德宮是天生的聰明度和性向。有**『武貪』時，**表示對錢財好運的感覺力和喜好程度，如果高的話，非常愛賺錢，而且會對錢的嗅覺靈敏知道自己可在何處賺到錢。**如果『身宮』又落於福德宮，**那就天生會賺錢，並且視賺錢為人生一大享受了。**但如果『身宮』落在官祿宮，是『天相陷落』，**則雖知道那裡能賺大錢，但自己卻無法賺到。**夫妻宮代表的是內在的感情模式及情緒變化以及感情的喜好。有『廉破』時，**

表示其人脾氣壞，大膽不掩飾，選擇對象時，喜歡挑跟自己不一樣的人，即使對象的一切背景比自己差都無關係。因此此命格的人，有多次婚姻是必然的，也習慣的。因為他們會覺得關係不好就打破，選擇結束就好了，是十分乾脆的。

『天府坐命』巳、亥宮者的六親宮，其父母宮是『同陰』，『同陰』屬旺，其父母較有錢，溫和對你好。**『同陰』屬平陷者**，父母較窮，溫和但感情薄。**兄弟宮為『空宮』**，兄弟姐妹感情較淡薄。**子女宮為『空宮』**，有些人有子女，有些人無。有些的子女為前妻、前夫所留下之子女。子女間是非多、不合。**僕役宮為『機梁』**，表示會擁有小聰明，口惠實不惠之朋友，朋友只會嘴上說說幫你出餿主意，但不會帶財給你。因此『天府坐命』巳、亥宮者最要攻心的對象，應該是自己和配偶、情人了。

對『天府坐命』者贈送有價值的禮物

『天府坐命』者是表面溫和、老實、勤勞，有些長得美麗，因是財星坐命的人，很容易得到老闆、長輩及同事的喜愛，但其實他們自己都多少有一些古怪個性，會一板一眼，喜按步就班做事。其實私下也喜歡物質生活享受，近來有許多『天府坐命』的女孩被包養而不工作即是實例。因此要對『天府坐命』者攻心，送日常生活有價值的必需品，或有價值的裝飾品、房地產、有價證券，都是能對他達到的攻心效果的。

『天府坐命』者的人氣增強術

◎『天府坐命』丑、未宮者

『天府坐命』丑、未宮的人，要攻心的對象是朋友及配偶或自己。因為年紀比你大的人很可能為你的貴人，因此要恭敬對待、虛心求教，如此也能找到好的老闆而對自己有利。

『天府坐命』者因為是財庫星坐命，因此多少會對貧富有勢利眼的情形，因此在選擇配偶上，常想找有錢的人，卻陰錯陽差的又找到窮的配偶。這種例子我就看到很多了，倒不如去選擇有才能、有工作能力的對象，其人運好時也能有大財進。在感情上的事情，最好是以順其自然及真心相愛為主，如此在生活上才會過得甘心，人生才會平順。

『天府坐命』丑、未宮的人，其夫妻宮是『武破』，是『因財破劫』的格式，同時也是保守小氣的狀況，這也表示你自己本人內心也很保守、小氣，因此也無法找到有錢人做配偶。如此一來，最好安心認命好好過日子，不要東想西想，好好把配偶照顧好，家和萬事與，自然有你享福的日子。因為你的配偶性格硬，因此你要溫柔，軟調一點。其實安撫好配偶就是安撫好你自己的內心感情世界。心平氣和，財才會來。因此安頓好自己的心，才是對別人攻心的起點。

◎『天府坐命』卯、酉宮者

『天府坐命』卯宮的人，要攻心的對象是長輩與平輩的關係。平常需多與家人、長輩多來往，尊重、孝敬，以及多照顧，知道孝順意義的人，才會在工作上遇到貴人相助。其人學習能力才會強，遇到事情時也才會有人教你，幫助你。在平輩關係方面也要與同學、同事常聯絡，保持良好的關係，未來也會在工作及人生成就上對你有助力。

『天府坐命』酉宮的人，要攻心的對象是配偶及情人。『天府坐命』者的夫妻宮都在一顆『破軍星』，表示其人內心感情常有異想天開的現象，因此容易感情出軌或外遇。也容易養地下情人。如果『天府坐命』酉宮者要對配偶攻心，感情出軌就是致命傷，唯獨對配偶忠心才是真心能攻心的方法。但這可能是不太能做到的事。

◎『天府坐命』巳、亥宮者

『天府坐命』巳、亥宮者，要攻心的對象是自己和配偶、情人（未婚者）。此命格之遷移宮是『紫殺』，表示周圍環境中的人是較高尚而忙碌、打拼的人。但對他很冷淡，而且會高高在上的對待他。因此，『天府坐命』巳、亥宮者一直想向上爬，想到上一階層去，如此才能和那些高級人平起平坐，因此有時候在他所看到的上級人中如果對他產生不倫情愫，他也會接受。故而形成惡性循環，使自己的命運落入起起伏伏的坎坷之中。

因此，『天府坐命』巳、亥宮者最需要清楚什麼是對自己真正的感情形式，不要來者不拒，才能把自己放在天平上好運的那一頭秤杆上。

第二節 『太陰坐命』者的人氣增財術

『太陰坐命』卯酉宮

巨門(旺) 巳	廉貞(平) 天相(廟) 午	天梁(旺) 未	七殺(廟) 申
貪狼(廟) 辰			天同(平) 酉
命宮 **太陰**(陷) 卯			武曲(廟) 戌
紫微(旺) 天府(廟) 寅	天機(陷) 丑	破軍(廟) 子	太陽(陷) 亥

太陽(旺) 巳	破軍(廟) 午	天機(陷) 未	紫微(旺) 天府(得) 申
武曲(廟) 辰			命宮 **太陰**(旺) 酉
天同(平) 卯			貪狼(廟) 戌
七殺(廟) 寅	天梁(旺) 丑	廉貞(平) 天相(廟) 子	巨門(旺) 亥

『太陰坐命』辰戌宮

廉貞(陷) 貪狼(陷) 巳	巨門(旺) 午	天相(得) 未	天同(旺) 天梁(陷) 申
命宮 **太陰**(陷) 辰			武曲(平) 七殺(旺) 酉
天府(得) 卯			太陽(陷) 戌
寅	紫微(廟) 破軍(旺) 丑	天機(廟) 子	亥

巳	天機(廟) 午	紫微(廟) 破軍(旺) 未	申
太陽(旺) 辰			天府(旺) 酉
武曲(平) 七殺(旺) 卯			命宮 **太陰**(旺) 戌
天同(平) 天梁(廟) 寅	天相(廟) 丑	巨門(旺) 子	廉貞(陷) 貪狼(陷) 亥

『太陰坐命』巳亥宮

命宮 太陰(陷) 巳	貪狼(旺) 午	天同(陷) 巨門(陷) 未	武曲(得) 天相(廟) 申
廉貞(平) 天府(廟) 辰			太陽(平) 天梁(得) 酉
卯			七殺(廟) 戌
破軍(得) 寅	丑	紫微(平) 子	天機(平) 亥

天機(平) 巳	紫微(廟) 午	未	破軍(得) 申
七殺(廟) 辰			酉
太陽(廟) 天梁(廟) 卯			廉貞(平) 天府(廟) 戌
武曲(得) 天相(廟) 寅	天同(陷) 巨門(陷) 丑	貪狼(旺) 子	命宮 太陰(廟) 亥

『太陰坐命』者的天界庇蔭與人界生活

天界庇蔭守護神：

『太陰』單星坐命者，是指命宮在卯宮（『紫微在寅』）、辰宮（『紫微在丑』）、巳宮（『紫微在子』）、酉宮（『紫微在申』）、戌宮（『紫微在未』)、**亥宮**(『紫微在午』)**等位置出現的命勢。**

在卯宮、辰宮、巳宮等的『太陰居陷』，表示是白天出現的月亮，只有白白的影子，並不是真的月亮，同時也代表財少，及感情較淡薄。

在酉宮、戌宮『太陰居旺』，在亥宮『太陰居廟』，表示是夜晚出現的月亮位置。同時也代表財多，是薪水族及銀行的財及房地產的財，及感情豐沛、濃厚。

『太陰』單星坐命者的守護神是以《封神榜》中的紂王大將軍黃飛虎之妻賈氏為田宅主，為守護神，後世也以觀世音菩薩，福德正神為守護神來膜拜。

『太陰』單星坐命者，要以命格旺弱及帶財多寡來看其出生時的狀況。『太陰坐命』者通常都是在其父母做薪水族時所出生的。

而『太陰坐命』卯宮的人，其父剛在做一份薪水還很微薄，但生活已能漸漸平順，而仍窮不富裕的時候所出生的。雖家中吃穿很節儉，但日子還過得下去，將會漸漸變好。

『太陰坐命』辰宮的人，是父親工作陷入瓶頸或失業時所生，某些人會是遺腹子，出生時即未見過父親，或是二、三歲父親過逝，因為對宮（遷移宮）的『太陽居陷』的關係。

『太陰坐命』巳宮的人，是家中正遇經濟變化，或過有災難，某些人也會父母早亡或自己身體不佳在新生兒時就需醫療護理支持救治等問題時所出生的。因此一出生就環境差，這些都是生命中財少的問題。

『太陰坐命』酉宮的人，其出生時是父母感情親密多情，而父親工作薪資穩定，剛好有一段舒適的生活時期所出生的。因此大家都很疼愛這個『愛』的結晶，特別寵愛他，對他好。

『太陰坐命』戌宮的人，其出生時是父親工作正有發展，正是蒸蒸日上的時候，父母心情好，尤其父親特別疼愛他。未來他也特別有異性緣，易早婚。但父母感情不長久，多變化，他也會提早瞭解男女愛情問題。

『太陰坐命』亥宮的人，其出生時，是在其父母生活較艱苦的時候誕生的。其父親的工作不穩定，或家族及周遭人環境中有波動，造成艱困。但過不久，其父的經濟狀況就已改變，得到晉陞的機會或遷居他處還生活漸富裕。其人生雖也運氣有波動，但他本身帶財多，故也一生平順，但仍會是以公職為主的人生。

人界生活處世：

◎『太陰坐命』卯、酉宮者

『太陰坐命』卯宮或酉宮的人，在命盤上是夫妻宮和『父、子、僕』等宮位較和他不合。**夫妻宮是『天機陷落』，**表示配偶的聰明才智沒有他好，也會有搞怪的聰明，其工作能力也不佳。因此未來也易因錢財問題而分手、離婚。

其『父、子、僕』三合宮位剛好在要『殺、破、狼』格局之上。子女宮為『破軍』，父母宮為『貪狼』，僕役宮為『七殺』。表示這三種關係的人和『太陰坐命』者皆為不同磁場人。因此天生觀念就不一樣，故在生活上會有衝突。此命格的『太陰坐命』者和父母不親密，覺得父母不瞭解他。因此從長輩得到的傳承較少、較差，凡事由自己摸索長大。在生養子女方面，有些命中有刑剋的人身體差，會無後，無法生育子女。有些人生出子女，卻與子女的想法不合，也難以溝通。在交朋友方面又會交到性格強悍的朋友，對他不利。

實際上，『太陰坐命』者本性溫和，但『父、子、僕』皆為強悍性格的人，故不合。但這些關係也是最需要他加以攻心的。否則人生的助益太少，會危害到其人的生存問題及財富的獲得。

◎『太陰坐命』辰、戌宮者

『太陰坐命』辰、戌宮的人，在命盤上是父母宮為『廉貪』，僕役宮為『武殺』較弱，其疾厄宮為『空宮』也是不佳的。子女宮為『紫破』，在傳承或生養子女方面也還不錯。但本家父母教育、品行程度低或父母不和，容易家窮或家產不正常。

僕役宮的『武殺』，是『因財破劫』的格式，表示朋友極窮又強悍。**庚年生的人更有『擎羊』在酉宮，形成『武殺羊』的凶惡格式，**容易因車禍及因錢財問題被殺害的可能，十分凶險。

因此『太陰坐命』辰、戌宮的人，最要小心父母宮與朋友宮的問題。不過，如果真的逢到太凶的格局狀況，只有躲避，不適合一味的攻心了，否則雞蛋碰石頭是得不償失的。例如以前一些品行差的父母將子女賣入火坑，子女就可快快逃走，而無須再對長輩攻心了。

◎『太陰坐命』巳、亥宮者

『太陰坐命』巳、亥宮的人，在命盤上也是『父、子、僕』等宮在『殺、破、狼』格局上，他和這些關係人不親密。**另外他的夫妻宮和財帛宮是『空宮』較弱。**所幸夫妻宮有『陽梁相照』。表示能找到比他年紀大一點的配偶，則會婚姻幸福。配偶會對他有輔助作用。而官祿宮的『陽梁』，會使他有公教職及名聲而財運平順。因此，此命格的人只要留意對父母、長輩、子女、朋友攻心示好就可以了。

對『太陰坐命』者用羅曼蒂克氣氛再夾帶銀彈攻勢

『太陰坐命』者都有纖細的敏感神經，又是十分溫情主義的人，天生喜歡羅曼蒂克的情調及柔情密意的氣氛，如果再配合房地產及銀行存款等財物銀彈攻勢，則對『太陰坐命』者的攻心是一點也不難的。

『太陰坐命』者的人氣增強術

『太陰』單星坐命者的人生問題其實大多數都一樣，就是和父母、長輩、子女、朋友輩的人磁場不同，思想不同，與價值觀的不同，人生態度也不同。

在『太陰坐命』者的環境中，『父、子、僕』這一組人大多是

人氣增財術

『殺、破、狼』、『紫、廉、武』等命格的人，做事乾脆，不拖泥帶水。而『太陰坐命』者重情，有時也有些任性，不太能接受太嚴格的管理，不過『太陰坐命』的人如果覺得別人是真心對他好，也就會貼心、溫柔對待，『太陰坐命』者都是靠感受，敏感性及靈感，第六感來做事及對待人的，因此他一定會先用感覺神經來做觸角，才會下決心要不要對此人攻心。如此一來會形成被動形式，而無法及時得到這些人的回應了。

因此，『太陰坐命』者應及早考慮這個問題，先選對適合對象而加以攻心。**用自己的強項：**『貼心』就很能攻佔別人的心房，而順利達成心願。

第三節 『貪狼坐命』者的人氣增財術

『貪狼坐命』寅申宮

巳	午	未	申
天梁(陷) 巳	七殺(旺) 午	未	廉貞(廟) 申
紫微(得) 天相(得) 辰			酉
天機(旺) 巨門(廟) 卯			破軍(旺) 戌
命宮 **貪狼**(平) 寅	太陽(陷) 太陰(廟) 丑	武曲(旺) 天府(廟) 子	天同(廟) 亥

巳	午	未	申
天同(廟) 巳	武曲(旺) 天府(旺) 午	太陽(得) 太陰(陷) 未	命宮 **貪狼**(平) 申
破軍(旺) 辰			天機(旺) 巨門(廟) 酉
卯			紫微(得) 天相(得) 戌
廉貞(廟) 寅	丑	七殺(旺) 子	天梁(陷) 亥

『貪狼坐命』子午宮

巳	午	未	申
天機(平) 巳	紫微(廟) 午	未	破軍(得) 申
七殺(廟) 辰			酉
太陽(廟) 天梁(廟) 卯			廉貞(平) 天府(廟) 戌
武曲(得) 天相(廟) 寅	天同(陷) 巨門(陷) 丑	命宮 **貪狼**(旺) 子	太陰(廟) 亥

巳	午	未	申
太陰(陷) 巳	命宮 **貪狼**(旺) 午	天同(陷) 巨門(陷) 未	武曲(得) 天相(廟) 申
廉貞(平) 天府(廟) 辰			太陽(平) 天梁(得) 酉
卯			七殺(廟) 戌
破軍(得) 寅	丑	紫微(平) 子	天機(平) 亥

『貪狼坐命』辰戌宮

巨門(旺) 巳	廉貞(平) 天相(廟) 午	天梁(旺) 未	七殺(廟) 申
命宮 貪狼(廟) 辰			天同(平) 酉
太陰(陷) 卯			武曲(廟) 戌
紫微(旺) 天府(廟) 寅	天機(陷) 丑	破軍(廟) 子	太陽(陷) 亥

太陽(旺) 巳	破軍(廟) 午	天機(陷) 未	紫微(旺) 天府(得) 申
武曲(廟) 辰			太陰(旺) 酉
天同(平) 卯			命宮 貪狼(廟) 戌
七殺(廟) 寅	天梁(旺) 丑	廉貞(平) 天相(廟) 子	巨門(旺) 亥

『貪狼坐命』者的天界庇蔭與人界生活

天界庇蔭守護神：

『貪狼』單星坐命者，是指命宮在**子宮**『紫微在午』、**午宮**『紫微在子』、**寅宮**『紫微在辰』、**申宮**『紫微在戌』、**辰宮**『紫微在寅』、**戌宮**『紫微在戌』**等位置出現的命格**。坐命子、午宮者以『貪狼居旺』。坐命寅、申宮者為『貪狼居平』，坐命辰、戌宮者為『貪狼居廟』，『貪狼』為好運星。同時，『貪狼』因位置的旺弱也代表帶財的多寡。

『貪狼坐命』者的守護神是《封神榜》中主慾望的妲己，後世也以八仙及關聖帝君、福德正神等為守護神來膜拜。

『**貪狼』單星坐命者，在其出生時**會為父母及家庭帶來好運。也就是當父母或家庭運氣突然上界時，此子會生成『貪狼坐命』的人。但要看其當時旺運的大小及帶財的多寡，與命格的旺弱有差別。**例如『貪狼居平』坐命者的出生時刻，**運氣就少得多，而且一出生就會帶點是非爭鬥的大小事情。其人終其一生也在爭鬥中度過。**『貪狼』在子、午宮坐命者，**則一出生倍受寵愛呵護養大，終其一生受人敬重，其人也長相美麗莊重。**『貪狼坐命』辰、戌宮的人，**會出生在富足、有錢的環境及家庭中，**例如前國民黨主席吳伯雄先生即是，**而且會給家中帶來更大的財富。如果此家人家窮便無法生出這種命格的人。

人界生活處世：

◎『貪狼坐命』子、午宮者

『貪狼坐命』子、午宮的人，在命盤上有子女宮與疾厄宮是『空宮』，而和疾厄宮相照的父母宮又是『同巨』，其僕役宮為『天機居平』，這表示其人的『父、子、僕』三合宮位較弱，在其人生中之傳承與輔助力量較差。因為『貪狼坐命』的人常自恃運氣好，性格強，會覺得父母雖溫和，但膽小、太嚕囌，有時會和父母、長輩保持距離，如此的話，未來他也無法教導自己的小孩。

其人的僕役宮為『天機居平』，表示朋友多半是具有小聰明而無用的人。因為此命格的『貪狼坐命』者，多半自恃聰明，是不太看得起自己周遭的朋友、部屬的。**其人的田宅宮是『陽梁』**表示家中有長輩及年紀大的人在照顧，並且父母、長輩也會給遺產及房地產。**因此『貪狼坐命』子、午宮的人，**最需要對父母、長輩及朋友攻心。如此一來，長輩及平輩的助力皆有，則運氣會更多、更旺。

◎『貪狼坐命』寅、申宮者

『貪狼坐命』寅、申宮的人，在命盤上有疾厄宮與僕役宮為『空宮』較弱。因此在《父、子、僕》及《兄、疾、田》等二組三合宮位都有一個『空宮』弱位。**另外，田宅宮是『天梁陷落』，**表示家中無人照料，自己也不太會照料家庭，因此錢財留不住，是『即使有財也沒庫』的人。**此命格的人主要是夫妻宮好，是『武府』，**表示配偶有錢，但小氣。福德宮好，好享受。其人本身的能力並不強，只要會找到有錢的配偶就OK了。自然他不會太在意向朋友或父母攻心。而是真正會向能讓他過好日子的配偶攻心了。

◎『貪狼坐命』辰、戌宮者

『貪狼坐命』辰、戌宮的人的命盤上沒有『空宮』，但子女宮為『天機陷落』較弱，這也表示自己的才華不多，或才華難顯現。其人婚姻運好，能有會理財、富足的配偶，感情親密、深厚，用配偶來幫忙管教子女，並幫助自己才能顯現是最好不過的事了。

因此，配偶、子女，都是極須攻心的人。另外，其父母宮也是『巨門』，父母管教他很嚴，亦多口舌是非。因此為了長輩的助力，也須對長輩攻心，才十全十美。

對『貪狼坐命』者多送高帽子與禮物

『貪狼坐命』者雖屬『殺、破、狼』格局命格的人，性格強勢，但是『貪狼坐命』者都有性格圓滑的一面，不喜歡衝突或氣氛不好的場面，否則他會溜得很快。同時，他們也是心高氣傲的人，不喜歡別人數落他們的缺點，如果講話不知分寸，縱然是長輩當前，他也會翻臉的。那就無法達到攻心的效果了。

『貪狼坐命』者，無論男女，多半好大喜功，喜歡別人拍馬屁及歌功頌德，多送幾頂高帽子給他戴，就能搞定了。女性呢？多稱讚她聰明、美麗、有氣質。男性呢？多稱讚他聰明、瀟灑、帥氣、能力強、運氣好。『貪狼坐命』者，無論男女皆愛美好名，更對財物有貪慾，因此，說些好話，送些精緻、價值高的禮物，便能打動他們，對他們攻心了。

『貪狼坐命』者的人氣增強術

『貪狼』單星坐命者，平常很少會想到對別人攻心。除非他有意圖或圖謀一些好處，如果他設定好對象要展開攻心術的話，他是會出奇不意，出些怪招來擄獲人心的，但這些成功率只有五、六成，主要是『貪狼坐命』者性急、做事馬虎，如果對方是個老謀深算的人或是個慢郎中的人，『貪狼坐命』者便無辦法在投餌後等待最終的結果而功虧一潰了。

有些『貪狼坐命』的子女想對父母示好，希望父母早些分財產給他，但是父母怕他大手大腳的把財產花完，遲遲不分產，還常叨唸要他節省點，於是此『貪狼坐命』者就一生氣而離家生活，一連數月或數年都不回家，讓老父、老母痛心不已。『貪狼坐命』者凡事不能急，想到能對人示好攻心也不是壞事，但一定要做事恭謹及手法細膩一點，否則也是白做。

『貪狼坐命』者對要攻心示好的人捨得花錢，但要多體會及多用心打探對方的喜好，『投其所好』要做對了，才能真正的攻心到家！

第八章 『巨門』、『天相』、『天梁』單星坐命的人氣增財術

第一節 『巨門坐命』者的人氣增財術

『巨門坐命』子午宮

巳	天機(廟) 午	紫微(廟) 破軍(旺) 未	申
太陽(旺) 辰			天府(旺) 酉
武曲(平) 七殺(旺) 卯			太陰(旺) 戌
天同(平) 天梁(廟) 寅	天相(廟) 丑	命宮 巨門(旺) 子	廉貞(陷) 貪狼(陷) 亥

廉貞(陷) 貪狼(陷) 巳	命宮 巨門(旺) 午	天相(得) 未	天同(旺) 天梁(陷) 申
太陰(陷) 辰			武曲(平) 七殺(旺) 酉
天府(得) 卯			太陽(陷) 戌
寅	紫微(廟) 破軍(旺) 丑	天機(廟) 子	亥

『巨門坐命』巳亥宮

命宮 巨門(旺) 巳	廉貞(平) 天相(廟) 午	天梁(旺) 未	七殺(廟) 申
貪狼(廟) 辰			天同(平) 酉
太陰(陷) 卯			武曲(廟) 戌
紫微(旺) 天府(廟) 寅	天機(陷) 丑	破軍(廟) 子	太陽(陷) 亥

太陽(旺) 巳	破軍(廟) 午	天機(陷) 未	紫微(旺) 天府(得) 申
武曲(廟) 辰			太陰(旺) 酉
天同(平) 卯			貪狼(廟) 戌
七殺(廟) 寅	天梁(旺) 丑	廉貞(平) 天相(廟) 子	命宮 巨門(旺) 亥

『巨門坐命』辰戌宮

天相(得) 巳	天梁(廟) 午	廉貞(平) 七殺(廟) 未	申
命宮 巨門(陷) 辰			酉
紫微(旺) 貪狼(平) 卯			天同(平) 戌
天機(得) 太陰(旺) 寅	天府(廟) 丑	太陽(陷) 子	武曲(平) 破軍(平) 亥

武曲(平) 破軍(平) 巳	太陽(旺) 午	天府(廟) 未	天機(得) 太陰(平) 申
天同(平) 辰			紫微(旺) 貪狼(平) 酉
卯			命宮 巨門(陷) 戌
寅	廉貞(平) 七殺(廟) 丑	天梁(廟) 子	天相(得) 亥

『巨門坐命』者的天界庇蔭與人界生活

天界庇蔭守護神：

命宮中有巨門單星在命宮的人，是指命宮有『巨門星』（暗曜）分別在子宮（『紫微在未』）、午宮（『紫微在丑』）、辰宮（『紫微在卯』）、戌宮（『紫微在酉』）、巳宮（『紫微在寅』）、亥宮（『紫微在申』）等位置的命格。

『巨門』在斗數中為暗曜、主是非口舌，為『隔角煞』。**『巨門坐命』者的守護神是以《封神榜》中以姜子牙之妻馬千金為守護神之代表。**後代也以門神、福德正神等神祇來膜拜。

命宮中有『巨門』單星坐命的人，其出生時，父母或家庭、家族大多有是非、爭鬥或災難發生。這是應時而生的人。

人氣增財術

我的親戚中即有『巨門坐命』子宮者，當其出生時，其父在金門正逢『八二三砲戰』，當時戰況激烈，三個月無法通訊，生死未卜，其母非常焦慮擔心而生下此子。

另有『巨門坐命』的朋友，其出生時，正逢叔伯們與父親爭分家產，而雞犬不寧，父母整天生氣，談論的就是這件事。還有一位年紀稍長女性的『巨門坐命』的朋友，其出生時，家中開金店也很有錢，但祖母堅持把她和別家交換一男嬰回來養，其母在做月子時就與祖母抗爭、哭壞了雙眼，才保留下她這個女兒。『巨門坐命』者也容易被人領養、遺棄，這完全要看八字好壞及出生時間的帶財或不帶財，以及父母跟家庭的狀況來說了。

『巨門』在子、午宮居廟坐命者，『巨門居旺』，表示口才好，有說服力，因為其對宮為『天機居廟』，因此外在環境常會突然變化，起伏不定。因此其人在是非爭鬥中常險勝。**例如前民進黨主席謝長廷先生是此命格的人**，其遷移宮更有『天機、擎羊』，表示環境中爭鬥更激烈，他也常利用是非、糾紛來爭鬥而險勝。十分巧妙又驚險不是嗎？

『巨門』在巳、亥宮坐命者，『巨門居旺』，口才好，競爭力強，遷移宮是『太陽星』，表示此命格的人，影響他一生命運的是工作，男人、政府之類的事情。因此在出生時其父親的地位就很重要，某些父不詳或遺腹子、或隨母改嫁的『巨門坐命』者，會因為命盤上的『太陽陷落』而一出生便遇到不好的狀況，某些被送人做養子女的人也有很多是此命格的人。

『巨門』在辰、戌宮坐命者，『巨門居陷』，其對宮的『天同』也居平，表示其人一生是非多，自己又懶惰、懶洋洋的，能力不強，此命格的人出生時常自己身體有狀況、體重輕、或有先天性疾病，常跑醫院，或讓父母手忙腳亂，十分辛苦，此人也多半是家中的么子、么女，或是父母年紀稍大才生下的小孩，年老氣衰，照顧也不算周全了。此人一生出後，家庭中會有一危難或災害發生。他也可能是大難不死存活之人。在台灣九二一大地震及四川大地震、日本三一一地震、海嘯前後半年、一年所生下之嬰兒，會有很多是此『巨門坐命』的小孩。

人界生活處世：

◎『巨門坐命』子、午宮者

『巨門』在子、午宮坐命者，一生中都競爭多，運勢起伏大，運氣好壞分明，其實，沒有是非，沒有競爭的日子可喘一口氣，就十分享福及慶幸了。**在此人的命盤上有兩個『空宮』，分別是財帛宮與僕役宮**。這表示手中可用之財和朋友關係是較弱的。**另外，其人的兄弟宮是**

人氣增財術

『**廉貪**』**，**表示兄弟姐妹的關係極差，會打架、吵架不斷。**僕役宮是『空宮』又相照兄弟宮，**因此朋友關係也不佳，常有糾紛、是非，不多久便會換一批新朋友了。

其人的田宅宮是『武殺』，表示家中容易窮，家中爭吵多，不寧靜，同時家財也守不住，房地產留不住。雖辛苦打拚買房地產，但如果家宅不寧，就會失去房地產。

『巨門坐命』的人都是父母宮和子女宮好，父母宮是『天相』，子女宮有『天府』。表示父母會照顧他，他也會孝順父母。子女也是『巨門坐命』者的財庫，他們也很捨得對子女投資教育，將來子女也會對他們好。

『巨門』在子、午宮坐命者的夫妻宮是『太陰』，居旺時，表示其人多情，與其配偶也會感情好。配偶也會財多。居陷時，情份較淡薄，

人氣增財術

配偶也會財少較窮。**另外其官祿宮為『太陽』,『太陽居旺』時,**事業發展大,也順利。**『太陽居陷』時,**事業無發展,易晦暗不明,這是『日月反背』的格局,是『巨門』在午宮坐命者會遇到的現象。

因此,『巨門』在子、午宮坐命者要示好攻心的對象是兄弟姐妹和朋友,以及和配偶情人的關係。更可由此看出其平輩關係都是要攻心的對象。

◎『巨門坐命』巳、亥宮者

『巨門坐命』巳、亥宮者,**其財帛宮為『天相陷落』,官祿宮為『天同居平』,**表示錢財與事業都不夠豐富。還好,**其福德宮為『天梁居旺』,**故天生有貴人照顧、幫忙。在此人的命盤中,**兄弟宮是『貪狼』,**和兄弟姐妹相互不瞭解、不親密。**夫妻宮是『太陰』,子女宮是**

『**紫府**』，會對子女照顧極位，未來子女也會有回報。**其人的父母宮是『廉相』**，表示父母就傻傻的對他好，會幫他料理一些事情，照顧有加。**其人的僕役宮是『武曲』**，表示朋友都是有錢人，但性格剛直，不好相處。因為『巨門坐命』巳宮的人有『日月反背』的格局，是故『太陰居陷』，和配偶的感情也不算很親密了。

其實，所有『巨門坐命』的人都有家庭問題，因為田宅宮都有一顆『七殺星』。因此不把家中的人擺平，是所有是非災禍的根源。因此，配偶及兄弟姐妹之間的關係要多多用心經營才行，平常關係是你攻心的重點工作。朋友關係也是要注意的事。

◎『巨門坐命』辰、戌宮者

『巨門坐命』辰、戌宮者，其財帛宮是『太陽』，官祿宮是『空

宮』，僕役宮也是『空宮』，兄弟宮是『紫貪』，表示兄弟姐妹的成就會比你高，但和你不親密，他們會用高高在上的心態和你保持距離，也未必會照顧你。

其夫妻宮是『機陰』，表示配偶情緒不穩定，性格多變。**命坐辰宮的人，**配偶賺錢多，會照顧你。**命坐戌宮的人，**配偶賺錢少，但你自己工作賺錢，或由父母、長輩處得財多，還生活愜意，你的朋友也是地位比你高，和你不親密，較驕傲的人及高高在上的人。**你的田宅宮是『廉殺』。**表示家中人是又笨又凶（在你眼中看來）的人，因此你還是要把家人及朋友做為攻心對象。也是主要以平輩關係為攻心要點。

對『巨門坐命』者用美食和傾聽

『巨門』單星坐命者，其命格特性就是愛用嘴巴。一是愛說話，話多；一是好吃，愛吃食，多半是老饕，好美食，也知道在那裡能吃到好吃的。因此，你若想對他們攻心，第一就是要有耐心聽他們說話。無論是吹牛誇大，你都不能潑涼水或唱反調，要耐心的聽完，並附合之。否則他會腦羞成怒，你的攻心就失敗了。另一手腕就是請他吃最好、最貴、最美味的食物。

通常，『巨門坐命』的人，對鮑魚、魚翅、任何的高檔食品都吃過了。因此，你就要尋找最新奇，最高級的美味食品或餐廳來請他品嚐，不可馬虎，這才能展現你的誠心。否則你就送很多錢給他，讓他自己去品嚐，也是可以的。

人氣增財術

『巨門坐命』者的人氣增強術

前面分析結果，都是以平輩或『巨門』單星坐命者的配偶，兄弟姐妹、朋友為主要攻心對象。

其實，『巨門坐命』者全部非常會談情說愛，因為他們的夫妻宮都有一顆『太陰星』，『太陰星』是月亮，也是戀愛之星。是故『巨門坐命』者對配偶及情人的攻心術是一流的，也很會送禮物討好配偶及情人，極盡羅曼蒂克之能事。那只是看他做與不做罷了。

通常『巨門坐命』者在家中都是非多，他自己也會主導口舌是非，有時候是向父母或長輩爭寵之故，其實他想對兄弟姐妹好，或想對朋友好，也全在他想做與不想做的一念之間。如果他想對某人攻心，以他敏感細膩的體貼與天生的口才，說話技巧，這是無人不被打動心弦的。

第二節 『天相坐命』者的人氣增財術

『天相坐命』丑未宮

巳	天機(廟) 午	紫微(廟) 破軍(旺) 未	申
太陽(旺) 辰			天府(旺) 酉
武曲(平) 七殺(旺) 卯			太陰(旺) 戌
天同(平) 天梁(廟) 寅	命宮 天相(廟) 丑	巨門(旺) 子	廉貞(陷) 貪狼(陷) 亥

廉貞(陷) 貪狼(陷) 巳	巨門(旺) 午	命宮 天相(得) 未	天同(旺) 天梁(陷) 申
太陰(陷) 辰			武曲(平) 七殺(旺) 酉
天府(得) 卯			太陽(陷) 戌
寅	紫微(廟) 破軍(旺) 丑	天機(廟) 子	亥

『天相坐命』卯酉宮

紫微(旺) 七殺(平) 巳	午	未	申
天機(平) 天梁(廟) 辰			廉貞(平) 破軍(陷) 酉
命宮 天相(陷) 卯			戌
太陽(旺) 巨門(廟) 寅	武曲(廟) 貪狼(廟) 丑	天同(旺) 太陰(廟) 子	天府(得) 亥

天府(得) 巳	天同(陷) 太陰(平) 午	武曲(廟) 貪狼(廟) 未	太陽(得) 巨門(廟) 申
辰			命宮 天相(陷) 酉
廉貞(平) 破軍(陷) 卯			天機(平) 天梁(廟) 戌
寅	丑	子	紫微(旺) 七殺(平) 亥

『天相坐命』巳亥宮

命宮 天相(得) 巳	天梁(廟) 午	廉貞(平) 七殺(廟) 未	申
巨門(陷) 辰			酉
紫微(旺) 貪狼(平) 卯			天同(平) 戌
天機(得) 太陰(旺) 寅	天府(廟) 丑	太陽(陷) 子	武曲(平) 破軍(平) 亥

武曲(平) 破軍(平) 巳	太陽(旺) 午	天府(廟) 未	天機(得) 太陰(平) 申
天同(平) 辰			紫微(旺) 貪狼(平) 酉
卯			巨門(陷) 戌
寅	廉貞(平) 七殺(廟) 丑	天梁(廟) 子	命宮 天相(得) 亥

『天相坐命』者的天界庇蔭與人界生活

天界庇蔭守護神：

命宮中有『天相』單星的人，是指命宮中有『天相』福星，分別在**丑宮**（『紫微在未』）、**未宮**（『紫微在丑』）、**卯宮**（『紫微在巳』）、**酉宮**（『紫微在亥』）、**巳宮**（『紫微在卯』）、**亥宮**（『紫微在酉』）等位置的命格。

『天相』在斗數中為『印星』，為勤勞的福星，也為衣食主、為公道星。**『天相坐命』者的守護神是以《封神榜》中紂王太師聞太師為代表。**後代也以諸葛孔明、福德正神來膜拜。

命宮中有『天相』單星坐命的人，其出生時，常是其家族或父母有破敗的場面要收拾處理。例如：家族衰敗需有人振興。或父母離婚、家庭破碎需有人幫助照顧家庭或家計。亦或家窮需有人幫忙賺錢持家。照顧弟妹。

『天相』單星坐命者的對宮（遷移宮）都有一顆『破軍星』，表示其周圍環境中就是一個『亂』字、『破』字。因此他是應『亂』、『破』而出生的人。『天相坐命』者是天生能料理善後，『能修補』及『能治亂』的人。

人氣增財術

人界生活處世：

每種『天相』單星坐命的人會依本命的星曜旺度不同，而對周遭產生致福能力而有高低不同。『天相陷落』時是完全沒有致福能力，反而會遭災及承受禍事的。並且，如果有『擎羊』在『命、遷』二宮出現，形成『刑印』的格局，便是會無法掌權及會成為吃虧、受氣的被虐者角色了。(其實只要命盤上有『刑印』格局，不管在那個宮位，其人都會有成為受氣包的狀況)。

『天相』單星坐命者其財帛宮是『天府』，其官祿宮為『空宮』，表示其人很能賺錢、存錢，但並不一定有事業地位及名聲。因此，大多數的『天相坐命』者除非有貴格『陽梁昌祿』格，能步步高陞做大官、成大業，大多數的『天相坐命』者只是一個重衣食、為衣食奔波的小老百姓而已。『天相坐命』者因修補、治亂的能力強，做醫生、法官或照護行業，和衣食有關的行業、保姆業，有些也會在保險業中出現，以及裝璜、修理業中出現。因此，『天相坐命』也是帶有復建性質的命格了。

◎『天相坐命』丑、未宮者

『天相坐命』丑、未宮的人，在六親關係中，父母宮是『同梁』，表示父母溫和，有的會照顧子女，有的照顧不好子女。**其兄弟宮為『巨門』，**兄弟姐妹間多是非口舌，不合。**其夫妻宮為『廉貪』，**表示其配偶品行不良，婚姻易破碎，其人在內心世界也會有某些悖離常理的黑暗想法，以致選擇到品行不佳的配偶。

子女宮是『太陰』，居旺者，與子女感情深厚。**居陷者，**與子女感情淡薄，未來子女也較窮，賺錢少。其僕役宮為『天機居廟』，表示喜歡結交頭腦聰明的朋友，因此也會是非多。由此可見兄弟、配偶、情人等關係是必須攻心的對象了。

◎『天相坐命』卯、酉宮者

『天相坐命』卯、酉宮的人，在六親關係中，兄弟宮是『陽巨』，表示兄弟間吵吵鬧鬧紛爭多。**夫妻宮是『武貪』，**表示配偶是性格強，在財運及其他運氣上都較強的人，也代表此『天相居陷』者自己命運差，但內心感情上較愛財，對財敏感，很會找有錢、運氣又好的人做配偶，做依靠。

其人的子女宮為『同陰』，子女溫和美麗。**居旺時，**會為父母帶財來。**居陷時，**是無用之人。**其僕役宮為『空宮』。**

『天相』在卯、酉宮坐命者之命盤上有四個『空宮』，分別是疾厄宮、僕役宮、官祿宮、田宅宮。其遷移宮又是『廉破』，其人常是在家庭破碎時出生的小孩，一生也飄零，常遇不好的狀況或遭人白眼，其父母宮是『機梁』，如果沒有煞星同宮，仍可有單親之父母照顧，還算命好，有煞星同害者，一生飄零，此命格的人因為要找浮木、救生圈，最要攻心好對象是配偶、情人及兄弟姐妹和朋友，要廣交朋友才能救助你於水火之中。

◎『天相坐命』巳、亥宮者

『天相坐命』巳、亥宮的人，在六親關係中，兄弟宮是『巨門陷落』，表示與兄弟不合、爭吵的。**其夫妻宮是『紫貪』**，表示能找到談得來又志同道合的配偶，你會尊重他，但不瞭解他。**子女宮為『機陰』**，表示子女非常聰明，但情緒多變。**其父母宮為『天梁』**，父母會盡心照顧你。**其僕役宮為『天同居平』**，表示朋友都是喜好吃喝玩樂的人，**因為你的遷移宮是『武破』**，表示你周圍的環境容易窮和財不多，因此你最好努力工作，攻心的對象要以父母、長輩及配偶或情人為主，減少和兄弟姐妹的爭吵，會是對父母孝順的好方法。

人氣增財術

對『天相坐命』者用美食、禮物

『天相坐命』者，胖的人愛吃食、美食，瘦的人愛穿著衣飾。因此對『天相坐命』者攻心最好的就是吃美食或送禮物、流行物品了。但『天相坐命』者很怕會有陷井或不法之事會受牽連。因此你必須先告知送禮物的正當理由才行。

『天相坐命』者的人氣增強術

『天相』單星坐命者，因為夫妻宮都有一顆『貪狼星』，表示其人內心的感情世界其實是馬馬虎虎搞不清楚的，有時根本是粗心，不會用心體會真正的愛情是什麼，或如何去談戀愛，因此他們都是瞎碰瞎撞而結婚的。有時也碰不到，自然對於要對別人攻心示好這件事會不知所

人氣增財術

措。

不過，『天相坐命』者的父母宮都有『天梁星』，可以向父母、長輩請教，自然可對配偶或情人攻心成功了。另外在向父母、長輩攻心策略上，你只要和兄弟姐妹、或同事和平相處，也能算是對父母、長輩攻心了，因為你的父母及老闆們，最頭痛的就是你們兄弟間、同事間的爭吵事件，雖然他們很喜歡你，但真的沒太多方法幫你，需要你自己忍耐與調適。因為『天相星』是公道星，當他們一覺得不公平時，就會發飆，引起爭執，拂袖而去。而讓父母、老闆來傷腦筋。

第三節 『天梁坐命』者的人氣增財術

『天梁坐命』子午宮

武曲(平) 破軍(平) 巳	太陽(旺) 午	天府(廟) 未	天機(得) 太陰(平) 申
天同(平) 辰			紫微(旺) 貪狼(平) 酉
卯			巨門(陷) 戌
寅	廉貞(平) 七殺(廟) 丑	命宮 **天梁**(廟) 子	天相(得) 亥

天相(得) 巳	命宮 **天梁**(廟) 午	廉貞(平) 七殺(廟) 未	申
巨門(陷) 辰			酉
紫微(旺) 貪狼(平) 卯			天同(平) 戌
天機(得) 太陰(旺) 寅	天府(廟) 丑	太陽(陷) 子	武曲(平) 破軍(平) 亥

『天梁坐命』丑未宮

太陽(旺) 巳	破軍(廟) 午	天機(陷) 未	紫微(旺) 天府(得) 申
武曲(廟) 辰			太陰(旺) 酉
天同(平) 卯			貪狼(廟) 戌
七殺(廟) 寅	命宮 **天梁**(旺) 丑	廉貞(平) 天相(廟) 子	巨門(旺) 亥

巨門(旺) 巳	廉貞(平) 天相(廟) 午	命宮 **天梁**(旺) 未	七殺(廟) 申
貪狼(廟) 辰			天同(平) 酉
太陰(陷) 卯			武曲(廟) 戌
紫微(旺) 天府(廟) 寅	天機(陷) 丑	破軍(廟) 子	太陽(陷) 亥

『天梁坐命』巳亥宮

命宮 天梁(陷) 巳	七殺(旺) 午	未	廉貞(廟) 申
紫微(得) 天相(得) 辰			酉
天機(旺) 巨門(廟) 卯			破軍(旺) 戌
貪狼(平) 寅	太陽(陷) 太陰(廟) 丑	武曲(旺) 天府(廟) 子	天同(廟) 亥

天同(廟) 巳	武曲(旺) 天府(旺) 午	太陽(得) 太陰(陷) 未	貪狼(平) 申
破軍(旺) 辰			天機(旺) 巨門(廟) 酉
卯			紫微(得) 天相(得) 戌
廉貞(廟) 寅	丑	七殺(旺) 子	命宮 天梁(陷) 亥

『天梁坐命』者的天界庇蔭與人界生活

天界庇蔭守護神：

命宮有『天梁』單星在命宮的人，是指命宮有『天梁』（蔭星）分別在**子宮**（『紫微在酉』）、**午宮**（『紫微在卯』）、**丑宮**（『紫微在申』）、**未宮**（『紫微在寅』）、**丑宮**（『紫微在辰』）、**亥宮**（『紫微在戌』）等位置的命格。

『天梁』為蔭星，有神蔭、祖蔭之庇佑，主壽蔭。又為貴人星。**其守護神是以《封神榜》中以托塔天王李靖為守護神，**後世也以王禪老祖、諸葛孔明、福德正神為守護神來膜拜。

命宮中有『天梁坐命』的人，其出生時，常是其家族或父母有困難或有災難需要平復而出生的，當此人出生後，問題會解決一半或輕鬆不少，未來也能慢慢解決，但其人家中還會有其他問題要解決。這也是說，當家庭中有問題時，多拜神、上天就會給保祐送個救星來搭救及復建你的家庭。

『天梁坐命』者如果命格中有『陽梁昌祿』格之貴格的人，也能用名聲及高官厚祿來復建家聲。**不過，『天梁居旺廟』者，**能復建的功能較強。**『天梁居陷』的人，**沒有復建功能，而且他們還怕負責任，只顧自己的溫飽享受而已。

人氣增財術

人界生活處世：

◎『天梁坐命』子、午宮者

『天梁坐命』子、午宮者，其命盤上有田宅宮與福德宮二個『空宮』，表示家財與子息問題息息相關，其人是『機月同梁』格的人，自然以公職與薪水族為主。

其人的父母宮是『廉殺』，表示父母是辛苦的勞動族，財少，而且對子女很凶，不親密、不合。**其兄弟宮是『天相』**，表示和兄弟感情好，兄弟能幫忙他料理事情。

夫妻宮是『巨門陷落』。表示夫妻間口角多、是非多不一定會離婚，除非有多個『煞星』同宮，才會離婚，同時有此夫妻宮時，也表示其人內心多掙扎，多勾心鬥角之事，煩惱多、是非爭鬥多，自己心不寧。

其子女宮為『紫貪』，表示子女相貌美麗，但和你不親密。**其人的僕役宮為『武破』**，表示朋友皆窮，且會窮凶極惡的對待你，要小心。因此，此人最須攻心的人是父母、配偶和朋友了。

◎『天梁坐命』丑、未宮者

『天梁坐命』丑、未宮的人，其遷移宮是『天機陷落』。代表其人的外在環境差，其人一生下來的時間點就差，因此一生會遇很多不公平的事，或困難的事要他處理，至聖先師孔子就是此命格的人。**其人的父母宮為『七殺』**，與父母緣薄，不合。**兄弟宮為『廉相』**，表示兄弟不算太聰明，但溫和，能相幫助。**其夫妻宮為『巨門居旺』**，配偶口才好、話多、是非多，你吵不過她。**子女宮為『貪狼』**，表示親子關係較冷淡，你也少去瞭解子女，但子女會是好運的人他會離家外出而有好運。**其僕役宮為『破軍』，**表示朋友都是性格大膽，敢說敢做，和你性格不相同的人。你也會為朋友破財或吃虧上當、要小心。

因此，你要攻心示好的對象是父母、配偶跟子女了。最好先把自家人的關係弄好，家和萬事興，**『天梁坐命』丑、未宮的人之田宅宮為『武曲居廟』，**表示家財多，家中人不和，也會使家財變少，這是要小心的事。

◎『天梁坐命』巳、亥宮者

『天梁坐命』巳、亥宮的人，是『天梁居陷』坐命的人，其對宮是『天同居廟』。表示其人本身好享福，本身較無復建功能，因此也不會管別人或家中的事。其人命盤上有官祿宮和福德宮為『空宮』，是故工作能力及賺錢能力皆不強。因為周遭環境是享福的環境，因此要奮力是極端不足的。

在六親關係上，其父母宮是『七殺』，父母忙碌，較嚴肅。**兄弟宮為『紫相』**，表示兄弟姐妹成就高，會幫忙照顧他。**其夫妻宮為『機巨』**，配偶很聰明，學歷比他高，但情緒多變、口角多。**子女宮為『貪狼居平』**，對子女也不瞭解，互動少。**其僕役宮為『破軍』**，容易交到破朋友，耗財也對己不利。由此可見，其人最要攻心的人還是自己家人，父母、配偶、子女等關係。

對『天梁坐命』者要能共設機謀

『天梁坐命』者之命宮的位置不一樣，其人內心的喜好就不一樣。例如：『天梁坐命』子、午宮的人，喜歡事業好，男性也對他有利。他們也桃花多，艷遇多。喜好官位的，能幫助及談論此話題的人，就能對其人攻心。喜歡桃花艷遇的人，貌美的異性也能對其攻心。**『天梁坐命』丑、未宮的人**，也是有喜歡升官發財和喜歡桃花的兩種人，但不一定會碰到好的，有時會遇到騙子，要小心。**『天梁坐命』巳、亥宮的人**，喜歡東跑西跑的玩樂享受，只要你請客、出錢讓他們去旅遊，就能對他的攻心成功了。

『天梁坐命』者的人氣增強術

『天梁坐命』者，其『父、子、僕』三合宮位，必在『殺、破、狼』格局之上。因此他會覺得父母較對他凶、嚴厲。對自己的子女又不瞭解，難溝通。而朋友總是大膽的說話、做事，不知謹慎、保守。而且

人氣增財術

有時常要用錢破財去請客。與他們連絡感情才行。或是要用交換條件才能擁有一些重要的朋友。其實這是他自己做人方式的問題。平常不用到朋友時，不會聯絡，到要用到時，才會用請客及交換利益的方式來結交朋友，自然會感覺到較耗財了。

『天梁坐命』者通常都自視很高，並且很厭煩家中的一些問題和是非麻煩之事，雖然家人需要攻心，但他一定沒耐心對家人攻心。不過，『天梁坐命』者要使家財增多，必要『家和萬事興』不可，因此你也只好耐住性子來想一下父母、配偶、子女們喜歡什麼？投其所好來稍微安撫家人的感情，必能幫助你家中聚財多的。

第九章 『七殺』、『破軍』單星坐命的人氣增財術

第一節 『七殺坐命』者的人氣增財術

『七殺坐命』子午宮

天同(廟) 巳	武曲(旺) 天府(旺) 午	太陽(得) 太陰(陷) 未	貪狼(平) 申
破軍(旺) 辰			天機(旺) 巨門(廟) 酉
卯			紫微(得) 天相(得) 戌
廉貞(廟) 寅	丑	命宮 七殺(旺) 子	天梁(陷) 亥

天梁(陷) 巳	命宮 七殺(旺) 午	未	廉貞(廟) 申
紫微(得) 天相(得) 辰			酉
天機(旺) 巨門(廟) 卯			破軍(旺) 戌
貪狼(平) 寅	太陽(陷) 太陰(廟) 丑	武曲(旺) 天府(廟) 子	天同(廟) 亥

『七殺坐命』辰戌宮

天機(平) 巳	紫微(廟) 午	未	破軍(得) 申
命宮 **七殺**(廟) 辰			酉
太陽(廟) 天梁(廟) 卯			廉貞(平) 天府(廟) 戌
武曲(得) 天相(廟) 寅	天同(陷) 巨門(陷) 丑	貪狼(旺) 子	太陰(廟) 亥

太陰(陷) 巳	貪狼(旺) 午	天同(陷) 巨門(陷) 未	武曲(得) 天相(廟) 申
廉貞(平) 天府(廟) 辰			太陽(平) 天梁(得) 酉
卯			命宮 **七殺**(廟) 戌
破軍(得) 寅	丑	紫微(平) 子	天機(平) 亥

『七殺坐命』寅申宮

太陽(旺) 巳	破軍(廟) 午	天機(陷) 未	紫微(旺) 天府(得) 申
武曲(廟) 辰			太陰(旺) 酉
天同(平) 卯			貪狼(廟) 戌
命宮 **七殺**(廟) 寅	天梁(旺) 丑	廉貞(平) 天相(廟) 子	巨門(旺) 亥

巨門(旺) 巳	廉貞(平) 天相(廟) 午	天梁(旺) 未	命宮 **七殺**(廟) 申
貪狼(廟) 辰			天同(平) 酉
太陰(陷) 卯			武曲(廟) 戌
紫微(旺) 天府(廟) 寅	天機(陷) 丑	破軍(廟) 子	太陽(陷) 亥

『七殺坐命』者的天界庇蔭與人界生活

天界庇蔭守護神：

『七殺』單星坐命者，是指命宮在子宮（『紫微在戌』）、午宮（『紫微在辰』）、寅宮（『紫微在申』）、申宮（『紫微在寅』）、辰宮（『紫微在午』）、戌宮（『紫微在子』）等位置出現的命格。

在子、午宮者為『七殺居旺』。在寅、申宮者為『七殺居廟』。在辰、戌宮者為『七殺居廟』。『七殺』為大殺將，必出外爭戰掠奪而有功績財物，故屬於煞星。

『七殺坐命』者之守護神以《封神榜》中的紂王大將軍黃飛虎好勇善戰為守護神。後世也以關聖帝君為守護神來膜拜。

『七殺坐命』者，要分命格中帶財多寡，及父母宮的吉凶來看其刑剋輕重與出生時的狀況。

『七殺坐命』者出生之時，其母會有出血多，會有生產困難的麻煩，會造成母親的身體虛弱，如果其母親本來就身體弱的，就容易失慈而無母了。**『七殺坐命』者出生之時**，必逢家中有要打拼之事，而家中之經濟會轉好。

因為『七殺坐命』者的遷移宮是『武府』、『廉府』、『紫府』都有一顆『天府星』，故表示外在環境中一定要有一定的衣食無缺的財富，其家庭才能生下此人。否則，會無法生出此命格的人。

人界生活處世：

『七殺』單星坐命者，其財帛宮必為『貪狼』，官祿宮必為『破軍』。本身即為『殺、破、狼』格局的人生。表示其人生容易好打拚而起伏不定。其人也易於在錢財上多好運機會，在工作及事業上會勞心勞力，常為開創格局。**如果有『羊、陀、火、鈴、天空、地劫、化忌』等星入『命、財、官』之中，**便表示其人命局中財不多，成就也不大了。

『七殺』單星坐命者，以遷移宮如星曜為財富論定標準。例如『七殺』在寅、申宮者的遷移宮為『紫府』，表示財富最多，是主貴又主財的人，其復建財的能力也最強。**其次，『七殺坐命』子、午宮的人的遷移宮為『武府』，**表示財富次之。是主商業人員之財、財主之財的人。其征戰能力很強。**『七殺坐命』辰、戌宮者的遷移宮是『廉府』，**表示其財富只是衣食之祿而已，他會賺之財是不太用腦筋、智慧，只自顧自的賺到衣食之祿，能有餘存餘種、溫飽無虞，便很滿足的財富格局。

◎『七殺坐命』子、午宮者

『七殺坐命』子、午宮的人之六親關係中，父母宮是『空宮』，有

『日月相照』，表示和父母關係淡薄。**其兄弟宮為『天梁陷落』**，表示與兄弟姐妹相互沒有幫助。兄弟姐妹也容易是能力不佳的人。**其夫妻宮為『紫相』**，表示配偶為長相氣派，能為他料理事情之人。**其子女宮為『機巨』**，表示頭子難，之後有二子，但子女間不合，多爭吵是非。**其僕役宮為『天同居廟』**，表示其朋友，屬下都是溫和世故的人。

由此可見，此種命格的人與自己家人都不合，反而與外面的人相合故必須向外發展，才有出頭天。但是其人仍需對父母、配偶、朋友攻心。因會重視父母的人，其人才會重視自己的健康問題。否則賺再多的財富也是沒命花的。

◎『七殺坐命』寅、申宮者

『七殺坐命』寅、申宮的人，其六親關係中，父母宮是『天同居

平』，表示父母是溫和慈祥對他好，但成就不高的人。**其兄弟宮為『天梁居旺』**，表示與家中兄弟姐妹關係好，家中多半有長兄、長姐照顧，教導，對其人生影響很大。

其夫妻宮為『廉相』，表示配偶沒他聰明，但是會幫忙他料理很多事，是他不可或缺的助手。**其子女宮為『巨門』**，表示生子頭子難，可有二子女。子女是好頂嘴，回嘴之人。『七殺坐命』者多半忙碌於事業，對家中事不瞭解，自己也很少帶小孩，小孩多半由配偶帶，故與子女不算親密。

其僕役宮為『天機陷落』。他認為朋友都是有小聰明、其實很笨，又多是非之人。因此不喜和朋友來往，交不到好朋友。

由此可見，『七殺坐命』寅、申宮的人，和晚輩與比他地位低的朋友關係不太好，有些很差，是須要攻心的。但是此命格的人多半有勢利眼，較重利益得失，因此一時半會兒無法看到利益呈現的人，他是不會浪費時間去攻心的。

◎『七殺坐命』辰、戌宮者

『七殺坐命』辰、戌宮的人，其六親關係中，父母宮是『天機居平』，表示父母的智慧及地位不高，有些會無父母。**其兄弟宮為『陽梁』**，表示有長兄、長姐照顧長大，與兄弟姐妹親密，能相互照顧。**其夫妻宮為『武相』**，表示其人所關心的是衣食無缺的問題。他所找的配偶也一定會在生活上讓他享福及得到享受。**其子女宮是『同巨』**，表示子女為較懦弱，成就不高又多是非爭吵。**其僕役宮為『空宮』**，有吉星進入或無主星則尚有貴人型的朋友對其有利。有凶星進入，則無有助力的朋友。**由此可見**，此命格的人，『父、子、僕』這一組三合宮位較弱，故要對父母、子女及朋友做攻心術。

對『七殺坐命』者要送價值貴的東西

『七殺』單星坐命者，大多是生活富裕充足的人（少數命窮者除外），對自己尤其大方。因此很多生活享受上的經驗大多已十分完備。故而你要找新鮮的刺激的享受對他攻心，可能並不容易。但是你一定要選擇價值高，看起來有價值，頗貴的東西，他們才會接受。如果只是普通一般的小禮物，又無實用價值，或看起來如同地攤貨的東西，倒不如不送為妙，因為反而會讓他們懷恨在心，有一天你就會吃到苦頭了。

『七殺坐命』者的人氣增強術

『七殺』單星坐命者基本上是個對人、對事很決斷，除非對其有利益，否則很難說動你為誰攻心。『七殺坐命』者所打拼的多半是為了錢。只有少數人是為了名跟地位、權力。當然，你們爭權奪利的最終目

人氣增財術

的還是為了得財。但是，每個人的命格中都有強項與弱項之分。

你們的強項是打拚力與意志力。而弱項往往是健康問題和輔助力量的不足。健康問題就和父母有關，因此顧到父母，讓父母長壽，就能保證自己也長壽，能享富貴。能和朋友、兄弟及平輩關係交好，就能有輔助力量，這些都是你必須做的事，才能人生平順，因此你必須對這些人攻心。

『**七殺坐命**』**者對人攻心的方法，**因為自己太忙，無暇買禮物，也多半是給錢來送禮。其實這樣實在太直接，而少了一點溫情。因此，你如果要對某人攻心，最好花點時間，想想送什麼樣的禮物較洽當為佳。

『**七殺坐命**』**者除非**『**命、財、官**』**有**『**擎羊**』、『**祿存**』**等星會小氣吝嗇之外，**大多數的『七殺坐命』者都花錢很大方，送別人的東西也還十分高貴。因此會得到收禮者的欣賞與感謝。

第二節 『破軍坐命』者的人氣增財術

『破軍坐命』子午宮

巨門(旺) 巳	廉貞(平) 天相(廟) 午	天梁(旺) 未	七殺(廟) 申
貪狼(廟) 辰			天同(平) 酉
太陰(陷) 卯			武曲(廟) 戌
紫微(旺) 天府(廟) 寅	天機(陷) 丑	命宮 破軍(廟) 子	太陽(陷) 亥

太陽(旺) 巳	命宮 破軍(廟) 午	天機(陷) 未	紫微(旺) 天府(得) 申
武曲(廟) 辰			太陰(旺) 酉
天同(平) 卯			貪狼(廟) 戌
七殺(廟) 寅	天梁(旺) 丑	廉貞(平) 天相(廟) 子	巨門(旺) 亥

『破軍坐命』寅申宮

太陰(陷) 巳	貪狼(旺) 午	天同(陷) 巨門(陷) 未	武曲(得) 天相(廟) 申
廉貞(平) 天府(廟) 辰			太陽(平) 天梁(得) 酉
卯			七殺(廟) 戌
命宮 破軍(得) 寅	丑	紫微(平) 子	天機(平) 亥

天機(平) 巳	紫微(廟) 午	未	命宮 破軍(得) 申
七殺(廟) 辰			酉
太陽(廟) 天梁(廟) 卯			廉貞(平) 天府(廟) 戌
武曲(得) 天相(廟) 寅	天同(陷) 巨門(陷) 丑	貪狼(旺) 子	太陰(廟) 亥

『破軍坐命』辰戌宮

天同(廟) 巳	武曲(旺) 天府(旺) 午	太陽(得) 太陰(陷) 未	貪狼(平) 申
命宮 破軍(旺) 辰			天機(旺) 巨門(廟) 酉
卯			紫微(得) 天相(得) 戌
廉貞(廟) 寅	丑	七殺(旺) 子	天梁(陷) 亥

天梁(陷) 巳	七殺(旺) 午	未	廉貞(廟) 申
紫微(得) 天相(得) 辰			酉
天機(旺) 巨門(廟) 卯			命宮 破軍(旺) 戌
貪狼(平) 寅	太陽(陷) 太陰(廟) 丑	武曲(旺) 天府(廟) 子	天同(廟) 亥

『破軍坐命』者的天界庇蔭與人界生活

天界庇蔭守護神：

『破軍』單星坐命者，是指命宮在**子宮**（『紫微在寅』）、**午宮**（『紫微在申』）、**寅宮**（『紫微在子』）、**申宮**（『紫微在午』）、**辰宮**（『紫微在戌』）、**戌宮**（『紫微在辰』）等位置出現的命格。

在子、午宮者為『破軍居廟』，在寅、申宮者為『破軍居得地』。在辰、戌宮者為『破軍居旺』。『破軍』為耗星，為征戰之星，必先破壞、耗弱後而有所掠奪。屬於煞星。

『破軍坐命』者之守護神以《封神榜》中的紂王主破耗為守護神。後世也以關聖帝君為守護神來膜拜。

『破軍』單星坐命者，要看其命格中帶財多寡，及父母宮的吉凶來看出生時的狀況。『破軍坐命』者多半是家運盛極轉衰，或家裡窮、有是非破耗的時候所生之人。如果是家運盛極轉衰時候出生的人，在他出生之時，家中也多半遇有重大事故或災難。因此需要此人來開創新局，努力打拼。

『破軍坐命』者出生時，也會造成母親身體的大量出血，影響母親的身體健康，父母宮不佳者，容易失慈失怙。

人界生活處世：

『破軍坐命』子、午宮者，其遷移宮是『廉相』。表示其周圍環境中是一些有小聰明，會替他料理雜亂之事的人。其父母宮為『天機陷落』，表示父母成就不如他，或會失慈失怙無父母。也容易幼年家窮，或在其出生時父母遭受經濟上的災難，後來再慢慢變好。

『破軍坐命』寅、申宮者，其遷移宮為『武相』。表示其周圍環境中有小康之家的生活水準。其父母宮為『空宮』，有『陽梁』相照，表示父親易早逝，由母親照料。其家中多半是由盛轉衰的狀況。

『破軍坐命』辰、戌宮者，其遷移宮為『紫相』。表示其出生時周圍環境中是原來家業不錯，但由盛轉衰的局面，其父母宮為『天同居廟』，表示父母溫和世故，已歷經事故而有養生歇息的打算。故而把希望寄托在此子身上，對此子甚為尊重。

『破軍坐命』的人是性格強悍、乾脆的人，最喜歡改革，也常對人、對事看不順眼，性格大膽、乖張，因為周圍環境中的人都很溫和，因此喜歡發表異論及與眾不同的主張。

如果『破軍坐命』者有『文昌』、『文曲』在『命、遷』二宮出現，就屬窮命，則是破耗多，而進財少的命格，一生也十分辛苦了。如果有此種命格的人在家庭中出生，那就表示此家庭將進入窮困的境界了。

◎『破軍坐命』子、午宮者

『破軍坐命』子、午宮的人六親關係中，其父母宮為『天機陷落』，表示父母地位不高，或父母早逝，或環境差。**其兄弟宮為『太陽』，居旺者，**有事業成就好的弟姐妹。**居陷者，**有事業成就差的兄弟姐妹。兄弟關係普通，不算差。**其夫妻宮為『武曲居廟』**，表示配偶性格剛硬，很會賺錢或本身有錢。**其子女宮為『天同居平』**。子女溫和可愛，與你還算親密。**其僕役宮為『巨門居旺』**，表示朋友們都是口才好，是非多的人，當有爭執，你也難置身事外。因此你要攻心的人是平輩關係及長輩關係的對象，包括父母、師長、老闆及配偶、朋友等人。

◎『破軍坐命』寅、申宮者

『破軍坐命』寅、申宮的人，六親關係中，父母宮是『空宮』，有『陽梁相照』。兄弟宮也是『空宮』，有『同巨相照』。表示和父母、兄弟關係淡薄，緣份淺。**其夫妻宮為『紫微』**，表示配偶地位高，也能成為你的避風港，會幫助你復建生活中的災難問題。**其子女宮是『天機居平』**，表示子女是有小聰明的人，容易搞怪，不好教養。**其僕役宮是**

『**同巨**』，表示朋友大多是懦弱又是非多、閒話多的人，常惹是非麻煩。因此你的長輩關係、平輩關係、晚輩關係都不好。『破軍坐命』者耗財多，因此需要有錢來破耗，故而誰會給你錢多，你便會向誰多施展攻心術了。大概：多半是配偶和父母長輩吧！

◎『破軍坐命』辰、戌宮者

『破軍坐命』辰、戌宮的人，父親關係中，父母宮是『天同居廟』，表示父母溫和清閒，有時世故，有時又有童心的人，與其人關係親密。**其兄弟宮為『空宮』，有『機巨相照』。**不一定有兄弟，有兄弟也不和，是非多。**其夫妻宮為『廉貞』表示配偶為性格陰沈，**有計謀及善於謀劃之人。**其子女宮為『空宮』，有『日月相照』，**與子女關係不親密。**其僕役宮為『機巨』，**朋友多半是知識水準較高、聰明的人，但與朋友是非糾紛、不平靜。由此看來平等關係與晚輩關係是極需攻心的對象。

人氣增財術

對『破軍坐命』者幫忙宣揚功績和送有價值禮物

大致上來說，『破軍坐命』者大多是喜歡好大喜功的人，喜歡大肆宣揚自己的功績和擁有好運後也大肆宣揚，因此你要對他攻心的機會也很多，只要抓到機會好好替他慶祝一下，順其心意為他大肆張揚一下，自然能對『破軍』的人攻心到家了。但不要忘了除了幫他請客慶祝之外，送給他的那份禮物也不能馬虎，也必須是高級精品，有價值之物品，否則依他耗財慣了的品味，如何能看得上呢？

『破軍坐命』者的人氣增強術

『破軍』單星坐命的人一向是敢言人之不敢言，敢做人之不敢做之事。在他們的字典中沒有『困難』這兩個字。最怕人婆婆媽媽，忸忸怩怩，不乾不脆。

如果『破軍坐命』者要向別人示好攻心，一定是遇到了天大的麻煩自己解決不了，非要某人出面不可的狀況，才會向他人攻心。

『破軍坐命』者向來不喜歡向人低頭，不過『破軍坐命』者的家人都對你很容忍，也願意幫你出面解決問題。『破軍坐命』者常有錢不夠花，有很多投資須要耗財的狀況，因此向長輩及平輩關係採取攻心術，能使你能多獲得資金的挹注。向晚輩關係採取攻心術，能使你獲得關係源流的好處。因此助益多多。『破軍坐命』者很捨得花錢，只要覺得值得，是絕不手軟的，但攻心重在投其所好。

『破軍坐命』者對於『機月同梁』格的人最沒辦法攻心示好了。因為『機月同梁』格的人較重情不重利。有些感情的問題無法用金錢獲得。須要多花時間慢慢打動人心才行。因此這是『破軍坐命』者棘手的事。不過，大致上『破軍坐命』者是不畏艱難的人，只要立定攻心的對象與決心，必定會達成目標，完成任務的。

第十章　『空宮』、『祿存』、『昌曲』、『左右』坐命的人氣增財術

第一節　『空宮坐命』者的人氣增財術

『空宮坐命』者的天界庇蔭與人界生活

天界庇蔭守護神：

在十二個命盤格式中，除了『紫微在寅』與『紫微在申』兩個命盤格式是沒有『空宮』之外，其他八個命盤格式中，分別每個命盤格式中有兩個『空宮』，而『紫微在巳』及『紫微在亥』兩個命盤格式中則

各有四個『空宮』，是『空宮』數量最多的命盤格式格局了。

所謂的『空宮坐命』，主要是指命宮中無主星的命格。『空宮坐命』同時也包括上『祿存坐命』，『擎羊坐命』，『陀羅坐命』，『火星坐命』、『鈴星坐命』，『天空坐命』，『地劫坐命』或『劫空坐命』（天空、地劫二星同坐命宮）、『文昌坐命』、『文曲坐命』、『左輔坐命』、『右弼坐命』、『天魁坐命』、『天鉞坐命』等等，都算是『空宮坐命』。這些將在後面來談。

命宮中一個主星都沒有的『空宮坐命』

命宮中一個大星都沒有的『空宮坐命』，在命理上常會以其遷移宮的主星回照命宮，當做（借用）為命宮的主星來看命盤。因此，『空命坐命者』的守護神，原則上是以遷移宮的星曜的守護神為其守護神。其他如『羊、陀、火、鈴、劫、空、昌、曲、左、右』等命格的人也各有其守護神。

命宮中完全是沒有星的『空宮坐命』者，其出生時，真的是在其父母沒有預料到的情況下出生的。父母迷迷糊糊的生出了他，此人一生也迷迷糊糊的過日子。至少在小時候，第一個大運階段是混沌的過日子。其實，應當說此人是生於父母感情並不是很好的時候。某些此命格的人也是父不詳的人，或父母沒有正式婚姻關係的人，或容易被他人認養。由此可見，此人未來的人生也容易多起伏不定。其人的性格也容易變化多端，自我也很難控制EQ了。

人界生活處世：

在『空宮坐命』的命格中，有一種『空宮坐命』丑、未宮，有

『武貪』相照的命格是較不錯的命格。因為遷移宮有『武貪』，是正財星與好運星都有的狀況下，一生能遇較佳的機緣，運氣好時，也能有大富貴。

其次，是『空宮坐命』在卯、酉宮對宮有『紫貪』相照的命格，環境中有趨吉避凶、又能呈祥的『紫微星』，好運星『貪狼』雖居平，運氣普通一點，但其人一生算是在平順中受人敬重、照顧，也是不錯的際遇了。

另外一種『空宮坐命』在巳、亥宮，對宮有『廉貪』相照的命格，因為周遭環境差，處處遭人討厭，一生的際遇也不好，算是不佳的命格。

其實，『空宮坐命』只有二十四種命格，除了以上六種『空宮坐命』之外，其他十八種空宮命格，全屬於『機日同梁』格類型的『空宮坐格』。這表示這些『空宮坐命』者的遷移宮全是『天機』、『太陰』、『天同』、『天梁』這些星。這也同時表示，實際上，這些命格全是屬於命中財少的命格。『命中的財』又分兩種，一種是人手中可運用的錢財，一種是身體健康問題。因此，『空宮坐命』者不但手中可運用的錢財較少，其身體健康也是較弱，易生病的。

『空宮坐命』者的財帛宮與官祿宮的星曜居旺位以上，其人也能有能力賺錢，生活無慮。如果財帛宮是『天相』，官祿宮是『天府』，都在旺位以上，一生生活順暢，也會無憂無慮。最怕本身是『空宮坐命』，『財、官』二位的星曜又都居平、陷之位，其人便會沒有工作能力，或靠人生活，或工作做做停停，彷佛好死賴活著，會給家人帶來麻煩。

『空宮坐命』者之父母宮也為『空宮』者，其人容易送他人做養子女，此人一生長輩緣都不佳。未來和老闆、上司的感情也會不佳，找工作較難找適合自己創業。

『空宮坐命』者之兄弟宮為『空宮』者，其人也容易六親無靠，而且和平輩的關係，同事、朋友關係也都不強，在工作上沒有助力、未來發展也談不上。

『空宮坐命』者之夫妻宮為『空宮』時，此人常頭腦空空，凡事不知好壞，容易混沌過日子，隨波逐流，如螻蟻偷生。而且其本人心情起伏大，脾氣時好時壞，一生做事無成果。

『空宮坐命』者之子女宮亦為『空宮』者，其人一生無才華、無財，亦可能無子，未來沒有傳承。其本人的晚輩，下屬運也不佳。也無法用傭人，否則會遭欺侮。

人氣增財術

『空宮坐命』者的人氣增強術

『空宮坐命』者，是本命弱的人。原本就需要別人的救助與幫助。但往往六親關係中又有些缺陷，是十分遺憾的事。不過，還是要根據自己的缺憾來對症下藥，挽救一下命格的缺失，人生也較能順暢一點。

例如：父母宮不好，或父母宮是『空宮』的人，就要對養父母或長輩攻心，博得長輩的疼愛，在工作上你也會學習到與老闆、上司相處的方式而受益不少。

如果是兄弟宮、僕役宮不佳、或是『空宮』的人，應向同輩的朋友、同事常聯絡感情，未來在工作上會得到助力。最好先瞭解其命格，再由此書中覓得攻心的方法，快快去聯絡感情吧！

人氣增財術

如果是夫妻宮是『空宮』、或不佳的人，表示你的內在感情問題常出麻煩，你可能桃花少，或容易茫然，搞不清楚自己到底喜歡什麼樣的人，容易讓緣份流失。最好先在你周圍尋找看看有什麼人是你喜歡的型男、型女，先考慮看看適不適合，向他攻心再下手。

另外，要多參加活動，如專業活動，興趣活動，或宗教活動，一方面開拓自己的視野，一方面開拓人脈，如此一定可找到喜歡的對象。

如果是子女宮是『空宮』或不佳的人，多做義工，向大眾來攻心。因為你可能容易無子女，或晚輩緣不佳，用博愛照顧大眾，回饋社會，將來社會也會照顧你的未來。

對『空宮坐命』者讓他生信心

『空宮坐命』者，通常容易迷迷糊糊的，有些懶洋洋，做事不積極。如果你要向他攻心，最好用哄的，常讚美及鼓勵他，讓他生出信心來，如此也能改變他的一生，而且他會終生感謝你的。

第二節 『祿存坐命』者的人氣增財術

『祿存坐命』者的天界庇蔭與人界生活

天界庇蔭守護神：

命宮中有祿存單星坐命的命格，在十二個命盤格式中，其實會有十六個空宮位置可座落，這表示有十六種『祿存坐命』的命格。『祿存』除了辰、戌、丑、未四墓宮不會進入以外，其它在子、午、卯、酉及寅、申、巳、亥等八個宮位都有『祿存』的蹤跡。

『祿存星』是依年干來分入座宮位的，例如：甲年生人，『祿存』在寅宮。乙年生人，『祿存』在卯宮。丙年、戊年生人，『祿存』在巳宮。丁年、己年生人，『祿存』在午宮。庚年生人，『祿存』在申宮。辛年生人，『祿存』在酉宮。壬年生人，『祿存』在亥宮。癸年生人，『祿存』在子宮。『祿存』無論在命盤上十二宮皆入廟，無陷落。

『祿存坐命』者的守護神是《封神榜》中的天璣真人，主賜善、福與人類，其人為斗姥元君之子。斗姥元君生七子，長子為玉皇大帝，次子為紫微大帝、後有貪狼、巨門、祿存……等星。後人亦以福德正神來膜拜。

『祿存坐命』者其本命的『祿』為衣食之祿，表示是自己帶自己夠吃的財來，不會也無法分給別人。**『祿存坐命』者之六命宮為『羊陀所夾』**。父母宮有『擎羊』，兄弟宮有『陀羅』，因此與家人不和，幼年時代十分辛苦。『祿存坐命』者出生之時，必逢家中父母有難，有些『祿存坐命』者是遺腹子，有些會被送人做養子女，有些家窮或父母早亡，幼年生活困苦，青年、中年以後會慢慢好。

『祿存坐命』者要分帶財多、帶財少之分，要用『八字』來看較容易看。一般的『祿存坐命』者都份外保守、小氣、吝嗇、自私，很注重自己的利益，不太和別人交往，非常會存錢。除非有『火、鈴、劫、空』同宮的人，就財留不住了，花錢的速度也快，這是『財逢沖破』而耗財之故。

我所看過的一個比較有錢的『祿存坐命』者，是『祿存坐命』申宮，對宮有『太陽化祿、巨門』相照的命格，其人是庚年生的人，有『武曲化權、貪狼』在僕役宮，表示其人生的暴發運即爆發在朋友身上。果不其然，其人在三十五歲爆發偏財運，因投資朋友的產品而大富，之前十分窮困。其父母宮是『廉破、擎羊』，從小無父，由其母幫人洗衣把他帶大。幼年走了也是這個『廉破、擎羊』運。其人八字中四柱財局相連，日主又旺。又逢強勢的『武貪格』偏財運之後，原本學歷不高的人，居然在世界各地擁有房地產。這些際遇都是朋友帶他過去而擁有的，十分神奇吧！

人界生活處世：

『祿存坐命』者，不但要重命理帶財的多寡，更要重視環境的好壞（遷移宮的好壞），前面說過『祿存坐命』都一出生即逢父母有難，看起來環境是極差的，又如何說要重視環境好壞呢？

例如說：前面舉例的這位『祿存坐命』申宮，有『太陽化祿、巨門相照』命宮的先生，其出生之時，父親早亡，其人的遷移宮的『太陽化祿、巨門』代表與男性磁楊相合，對其有說服力，本來也會與父親相合的，但父親早逝，算是壞運先出盡，以後他們碰到的男性都對他有利了。事實上他也常調解男性朋友之間的糾紛，運用口才，將這些人整編來成為他工作及有用的人，幫他賺錢，讓他致富。因此這也可說是最好的遷移宮了。

『祿存坐命』者是為『羊陀所夾』的命格，因此，父母宮及兄弟宮都不好，幼年的運氣也差。六親關係中已有兩親關係不好了。如果夫妻宮、子女宮、僕役宮也不好，那此人真是六親無靠，(生無助力，是真正窮困之人了)。

本來一般人是不好的宮位需要攻心。但是『祿存坐命』的人因天生刑剋的問題(有『羊陀相夾』命宮)，你強要求他去向父母長輩及兄弟姐妹(常無兄弟)攻心，他實在無法做到。而且是因為命理格局的關係，在『祿存坐命』者的命盤上都會有一個六親宮的宮位是最好的，此宮位便是此人的一線生機，他自己便會向此關係人士去攻心了。例如前面例子中，那位仁兄的僕役宮好，他自然會去向朋友攻心，以達成他的富貴。某些人幼年運不好的人，等結婚後好運就來，或是有些人會走老運，逐一不同。『祿存坐命』者會自己選擇攻心對象。

對『祿存坐命』者要花長時間建立信賴感

『祿存坐命』者性格保守，而且懷疑心重，這可能是在長期受壓迫之下所產生的心理狀態。因此你突然對他好，要向他攻心，也會讓他錯愕擔心的，因此不大會接受。

因此要向『祿存坐命』者攻心，要慢慢來，最好也要讓他所信賴的人也同時認同你，取得一個保證後，他才會接受你，也才會接受你的攻心，否則，你是很難接近他及瞭解他的。**前副總統連戰的夫人連方瑀女士就是『祿存坐命』的人，**她的交友方式便是如此的。

『祿存坐命』者的人氣增強術

『祿存』單星坐命者如何向別人攻心？其實『祿存』單星坐命者在人際關係方面都有些畏縮和保守，話不多。看起來膽小、木訥，像個悶葫蘆很難想像他如何向人攻心。

『祿存坐命』者因為本身又很小氣，他對人好的方式很少會用錢或有價值的東西直接送你。他所想到的，最好的方式就是可以不花一文錢，直接由他付出勞力幫你做一點事情來報答你對他的好。因此你若想叫『祿存坐命』的人用金錢回報別人的恩德，那是十分困難的事。通常他也會用裝可憐的方式向你攻心，希望你對他有憐愛之心而接受他的攻心。

第三節　『文昌、文曲』坐命者的人氣增財術

『文昌、文曲』坐命者的天界庇蔭與人界生活

天界庇蔭守護神：

其實，此節所談之『文昌、文曲』坐命，應該有三種命格。

一、是『文昌坐命』。指命宮中只有『文昌』單星。如果命宮無主星，有『文昌、火星』同坐命宮，此命格也可稱為『火星坐命』的人。如果命宮中有『文昌、陀羅』坐命宮，此命格會直接稱為『陀羅坐命』的人。

二、是『文曲坐命』。指命宮中只有『文曲』單星。如果命宮中有『文曲』單星加『火星』入命則此命格會只稱為『文曲坐命』。

三、是『昌曲坐命』。是指命宮在丑宮或未宮有『文昌、文曲』雙星同坐命宮的命格。

『**文昌坐命**』者的守護神，**是道教中的梓潼神張亞子及文昌帝君為守護神。**後又以文昌帝君、魁星、朱衣神、呂祖師、關帝君合稱五文昌、廣受士人學子尊奉，農曆二月初三是文昌帝君誕辰，地方或宮廟多舉辦『文昌會』以膜拜。

『**文曲坐命**』者的守護神，**是以《封神榜》中之紂王之叔父也是丞相的比干為守護神。**比干亦為文財星，受後世膜拜。

『**昌曲坐命**』者的守護神，**則是以文昌帝君與比干文財神共同為守護神。**

人界生活處世：

『文昌坐命』者及『文曲坐命』者及『昌曲』雙星同宮坐命者，這些都屬時系星坐命。是以『時辰』的巧合，而入命的。『文昌、文曲』也稱『時系貴人』。其貴人相幫助的特性是在某個時辰（一個時辰有兩個小時）中的貴人運。

『文昌坐命』、『文曲坐命』也要看星曜的旺弱以對宮相照的星曜來定命格的高低。『文昌』、『文曲』二星在巳、酉、丑宮為居廟，在寅、午、戌宮居陷。『文昌』在卯、亥、未居平，在申、子、辰等宮居旺。而『文曲』在卯、亥、未、申、子、辰等宮皆居旺。

『文昌居旺』坐命時，其人有清秀、耿直、斯文氣質、精明能幹、善於計算、精數理、繪畫、喜讀書，一生的成就也會高。因為『文昌』是『陽梁昌祿』格的重要一環。『文昌居陷』坐命時，其人粗鄙，笨拙、長相醜，且計算能力差、不喜歡讀書學習，一生易為低下之人。

『文曲居旺』坐命時，其人桃花多，喜裝可愛，口才好，唱歌跳舞、韻律感之才藝強。異性緣強，容易走演藝界及與交際有關之行業。『文曲居陷』坐命時，口才不好，較靜、桃花少、才藝不佳。比較保守、活動力不強，財也不多。

『昌曲坐命』丑宮的人，因『文昌』、『文曲』在丑宮居廟、故桃花多，精明、能力強、才藝多，會運用桃花來增加人生財富的人。同時也是愛享福的人，『昌、曲』在丑、未宮坐命，多半對宮相照的是『武貪』，故其人生存好運機會爆發而享受富貴生活。不過其人命運的起伏也很大，會有大起大落的人生。

『昌曲坐命』未宮的人，雖『文昌居平』、『文曲居旺』，口才好，但不精明，但也桃花強，愛享福。故其一生會有富貴及起落的人生。

人氣增財術

『文昌居旺』坐命者是其父母正精明、或在努力用功唸書階段所生的小孩。雖然環境中不是很富有充裕，但心平氣和，生活還過得去。因此未來，此子也會好好讀書，長相整潔、清秀受人喜愛尊敬。**『文昌居陷』坐命者**，是其父母在無知中生下的小孩亦可能是父不詳的小孩，一生會窮困，難以教育，粗笨，什麼都學不好也不想學，更不愛乾淨、整潔，常令人討厭，喝斥，不受尊敬。

『文曲居旺』坐命者，是其父母喜愛與趣正濃的時候出生的人，但多半為非婚生子女。此子出生後個子不大，桃花順，很愛笑，討人喜歡，也會嘴甜，會巴結人。學唱歌跳舞，一學就會。

『文昌居陷』坐命的人，是其父母在感情不確定時所生之人。此人也多半為非婚生子女。此人出生後、話少、活動力差，學習力也不強，一生也財少及少人疼愛。

『昌曲坐命』丑宮或未宮的人，是其父母喜好色情之事時所出生之子女，多半為妾室或偏房所生。亦或是子女出生後再認做偏房的。此人一生桃花多，也好淫色之事，其人八字中常有『辰酉會局』的狀況。

對『文昌、文曲』坐命者依旺弱投其所好

『文昌居旺』坐命者喜好的是高文化素質的活動。因此帶他參加有名的文藝、演講或聽有名的音樂會，就能對他們攻心。**『文昌居陷』者可能須要看牛肉場的表演才會開心，**或有賭博活動、酒色財氣的場合會過癮。

『文曲居旺』坐命者喜好的是人多的聚會，再展現歌舞才藝，因此舞龍、歌唱會、運動會都能讓他們開心，就能對他們攻心。**『文曲居陷』坐命的人話少、才藝少、心情悶，**如果能陪他說說話，瞭解他內心

的煩惱，再為他出些好主意解決，較能對他攻心。

『昌曲坐命』丑、未宮者喜好之事，是男女戀愛之事，若能以情人的姿態為他安排浪漫之夜，或帶他參加浪溫的晚會，就能對他攻心。

『文昌、文曲』坐命者的人氣增強術

『文昌居旺』坐命者，精通文書、寫字、書法、繪畫、多才多藝，可以字畫或收集之古董向別人攻心，尤其對長輩、老闆最為有效。對平輩、晚輩，則以厲害的計算能力教導後輩，或以專業知識幫助晚輩，也能對別人攻心。**『文昌居陷』坐命者，**生性粗俗，不太懂攻心這一套技術，凡事會用現金解決。

『文曲居旺』坐命者精通唱歌跳舞、麻將、韻律、運動方面的才藝，可藉教導對方這些才藝而向人攻心。**『文曲居陷』坐命者，**少與人來往，也不須要攻心術了，否則他也無法去實行。

『昌曲坐命』者天生桃花多，也願會撒嬌諂媚的技巧，常常以陪伴的方式來對人攻心，其實陪伴對方，也從對方那裡得到了衣食享受了。

第四節　『左輔、右弼』坐命者的人氣增財術

『左輔、右弼』坐命者的天界庇蔭與人界生活

天界庇蔭守護神：

『左輔坐命』及『右弼坐命』或『左輔、右弼』在丑、未宮坐命的命格，都屬於『空宮坐命』。

人氣增財術

較常看到的『左輔坐命』命格，是『左輔坐命』酉宮，對宮有『機巨相照』的命格，這是前台集團負責人王永慶先生及諾貝爾獎得主李遠哲先生都是此命格的人。其他也有『左輔』在酉宮，有『陽梁相照』的命格，以及『左輔』在戌宮有『機梁相照』的命格。自然還有其他狀況的『左輔坐命』者，只是不常被我們碰到而已。

『右弼坐命』者也有很多種，有『右弼坐命』申宮，對宮有『機陰相照』的命格，這是前演員胡茵夢小姐的命格。也有『右弼坐命』酉宮，有『紫貪相照』的命格，這些都是長相美麗的命格。

較常看到的『左輔、右弼』同坐命宮，是在丑宮或未宮，而對宮有『武貪相照』的命格較常見。

『左輔坐命』者的守護神是《封神榜》中的韓昇。『右弼坐命』者的守護神是《封神榜》中的韓變。『左右』同坐命宮的人，則兩者皆可為守護神來膜拜。後世也因『左輔、右弼』皆為五行屬土的星，故亦以福德正神為守護神來膜拜。

人界生活處世：

『左輔坐命』者及『右弼坐命』在出生之時早些時候，多為父母向神明求來的，現今也多為請醫生幫忙將體外受精卵用手術分式再種回母親的子宮，若是正常受孕者，則多半是非婚生子女。

『左輔坐命』者及『右弼坐命』者天生是須要幫忙，也能幫忙別人的人。從小易為奶媽，寄養家庭或叔伯阿姨等人帶大，與自己的父母是長大後才常見面而親近。家中生下『左輔坐命』及『右弼坐命』的小孩，表示其父母正在人生的關鍵點上，有難關要過。通常是母親要用小孩來綁住父親，或是家中有經濟問題，母親常祈禱有貴人來幫忙。因此

人氣增財術

會生出這種命格的小孩。

『左輔、右弼』是平輩貴人星。因此這兩個命格的人在同輩朋友中的人際關係都還不錯，能得到助力。**『左輔坐命』者稍微個性耿直些**，有男性的灑脫、忠厚老實。**『右弼坐命』者較保守**，喜待在家中，佈置整理家庭，通文墨，在交友關係上會劃分小圈圈，劃分自己人或外人。事實上，女性也有『左輔坐命』的人，男性也有『右弼坐命』的人。每個命格的人都是順應時間需要而誕生出來的人。

另外有『左輔、右弼』雙星同坐命宮在丑宮或未宮的人，這種命格有對宮是『武貪相照』的命格，也有對宮是『日月相照』(太陽、太陰)的命格，以及對宮有『同巨相照』的命格（此命格為「明珠出海」格，有「陽梁昌祿」格才有用。）

這種『左輔、右弼』同坐命宮的命格稱做『左右坐命』。其特點是挑花多，異性緣強，因『左右』幫助太多了，反而其人會陷入桃花色情或感情中，而人生沒有成就。這種命格的人通常長相美麗，由異性提供金錢生活，受人保養而不自食其力，因此在八字命格上也是靠人吃飯的一種人。

對『左輔、右弼』坐命者贈送回憶物品

『左輔、右弼』坐命者都十分重感情。很多人對初戀及以前的朋友戀戀不忘。因此，你可送給他值得回憶的有趣紀念品，以及整理好的你倆共同留影的相片簿或是單獨為他製作一本生活紀念冊，他一定會非常感動而永生難忘的。

人氣增財術

『左輔、右弼』坐命者的人氣增強術

『左輔坐命』者、『右弼坐命』者，以及『左右坐命』丑、未宮的人，**有一個共通點是朋友多和平輩人的人情厚**。有時年紀比他們大的人，如果性格天真一點，也能和他們平起平坐的人，亦能與此命格的人交好及打成一片。但實際上，此命格的人對長輩和晚輩都沒轍。這是他最須要攻心的對象。

『左輔、右弼』**坐命者可利用自己的強項**，拉攏朋友幫長輩或老闆做義工，而對長輩及老闆攻心。對晚輩方面，如果想對他們攻心的話，可舉辦郊遊活動，可拉近彼此的距離。

第十一章 『羊、陀、火、鈴、劫、空』坐命的人氣增財術

第一節 『擎羊、陀羅』坐命者的人氣增財術

『擎羊、陀羅』坐命者的天界庇蔭與人界生活

天界庇蔭守護神：

◎『擎羊單星』坐命

『擎羊』單星坐命只會在辰、戌、丑、未及子、午、卯、酉等八

個宮位出現。在辰、戌、丑、未四個宮位是居廟旺。在子、午、卯、酉四個宮位是居陷的。

『擎羊居廟』坐命，其人會很強悍、聰明、殘暴、有計謀，適合做軍警職。『擎羊居陷』坐命，會陰險、殘暴，會報復人，在遇強敵時，或遇強者時會懦弱，苟且偷安。『擎羊』是刑剋之星。**『擎羊坐命』者的守護神在《封神榜》中為周朝大將軍楊戩，及姜太公封神台前所封之羊刃星趙升，同為守護神。**後世也以關聖帝君為膜拜神祇。

『擎羊』單星坐命者出生之時，常會遇家中有人（長輩）過逝，或父母經濟上不充裕。其母必會流血過多，或以開刀生產，而經過一險。其人出生後，身體也有不少毛病，不好養，一直要到很大才能讓母親稍稍放心。有些時候，『擎羊坐命』者的母親也會因生他而難產而亡，家中出生『擎羊坐命』的小孩，表示家中要有一段時間非常艱苦了，窮及耗財的事都會發生。因此『擎羊坐命』者最應該報母恩，對母親攻心。

◎『陀羅單星』坐命

『陀羅』單星坐命會在辰、戌、丑、未及寅、申、巳、亥等八個宮位出現。在辰、戌、丑、未宮是居廟的。在寅、申、巳、亥四個宮位是居陷的。

『陀羅居廟』坐命者，其人會強悍、頑固、自以為是，但不聰明、較笨、喜蠻幹、殘暴，亦適合做軍警職。

『陀羅居陷』坐命者，易文化水準低、陰險、殘暴，為宵小、強盜之流。

『陀羅坐命』者的守護神是《封神榜》中的哪吒（三太子）及黃

飛虎之子黃天化。後世也以關聖帝君為膜拜神祇。

人界生活處世：

『陀羅』單星坐命者出生之時，家中易有災難及貧窮之事，家族地位低，或有父不祥之狀況。『陀羅坐命』的小孩，頭大而圓的，其母生他之時，也受盡辛苦，通常勞工階級及田地、工場工作的家庭易出生『陀羅坐命』的小孩。文化水準高的家庭如果生出『陀羅坐命』的小孩，表示家世衰微，難重振了。

『陀羅坐命』者的性格特性是只相信外人及不認識的人，不相信自己家人，因此多半與家人不和，會連結外人來對付自己的家人，因此常會做一些令親者痛、仇者快的事情。『陀羅坐命』的人，只會對外人攻心。

『陀羅坐命』者必須離開出生地才會發達。一直留在家裡或家鄉的人，則無發展，會窮。

對『擎羊、陀羅』坐命者要護短順著他

要對『擎羊坐命』者、『陀羅坐命』者攻心，其實也不難。只要一面倒的向著他，胳臂肘向他彎，一味著護著他，不論是非對錯，都以他為主、為對，事事奉承他們，捧著他們，常向他們透露一些敵軍（他們討厭的人）的消息，常表態忠誠度，就能對他們示好攻心了。但是你仍要小心你自己也常易被人說閒話，或遭『羊、陀』坐命者的疑神疑鬼而報復。

『擎羊、陀羅』坐命者的人氣增強術

『擎羊坐命』者全都是對人對事很敏感的人，具有纖細和敏感神經，也十分會察言觀色，及看人臉色、好說謊，更是心懷陰險的計謀家。如果他想得到什麼東西，就一定處心積慮的得到它。如果他想向何人示好，想向某人攻心，就一定會身段柔軟的面面俱到的十分有禮貌的讓對方佩服得五體投地。因此，只要讓『擎羊坐命』者感動的、高興的，他就會非常的貼心的對你施展攻心術了。

『陀羅坐命』者卻是通常都大而化之粗俗、而笨拙、多疑、好說謊，但不知道那一段小時間裡卻突然變得敏感了，尤其懷疑別人會說他的壞話時，特別敏感。『陀羅坐命』的人不相信熟人、家人、親人，是愛相信陌生人及外人，因此常常受騙，他受騙後還會替別人講好話，而不相信自己竟會受騙。『陀羅坐命』者會對陌生人攻心，例如突然出現的推銷員之流，這是他突然覺得這人是好人，因為別人雖不認識他卻那麼為他著想。

『羊、陀』坐命者都很自私，也常會把**別人**的好意歪曲，或天真的把別人不好的意念又看做好的，因此也常會做一些視正道而非，視邪道為正的事情。容易把邪佞之人當做好人。把正直的人當做壞人，做些背經離道之事了。

第二節　『火星、鈴星』坐命者的人氣增財術

『火星、鈴星』坐命者的天界庇蔭與人界生活

天界庇蔭守護神：

『火星坐命』及『鈴星坐命』的命格也屬於『空宮坐命』。常看到

人氣增財術

的『火星坐命』、『鈴星坐命』的命格有：一、『火星坐命』未宮，**對宮有『武貪相照』的命格。**二、『火星』或『鈴星』坐命酉宮，**有『紫貪相照』的命格。**三、『火星』或『鈴星』坐命寅宮或申宮，**有『陽巨相照』的命格。**四、『火星』或『鈴星』坐命辰、戌宮，**有『機梁相照』的命格。**五、『火星』或『鈴星』坐命寅、申宮，**有『同梁相照』的命格**等等。

『火星』、『鈴星』是大殺將，也是刑星之一。有急躁、聰明、易不耐煩的特性。也容易耗財及產生不吉的突發事件。

『火星坐命』者的守護神是《封神榜》中的三炁火德星君、及紂王長子殷郊。『鈴星坐命』者的守護神是紂王次子殷洪。後世也以關聖帝君為守護神來膜拜。

『火星坐命』及『鈴星坐命』者在出生之時，家中或父母或生產時都會有突發事件，如果有『火貪格』、『鈴貪格』命格的人，其出生時也會帶給父母好運及突然有之錢財。但沒有暴發格的人，則帶給父母或家庭的多半是一些不大、不小的災禍或是非。**例如某個『火星坐命』者出生前數日，**家中失火，嚇得母親早產了，而生下『火星坐命』的人。

『火星』、『鈴星』在寅、午、戌等宮居廟，在巳、酉、丑等旺居旺，在卯、亥、未等宮居平，在申、子、辰等宮居陷。**『火、鈴』坐命居旺時，**其人倡而還會替家中父母帶來小財。**居陷坐命時，**會命窮又耗財多，是非、災禍不斷。

人界生活處世：

『火星坐命』及『鈴星坐命』者，天生聰明、性急、脾氣古怪、思想和行動很快，有的人好說話，有的人悶聲不吭，少與人來往。『火

人氣增財術

星坐命』與『鈴星坐命』者與人交往，常是蜻蜓點水式的，因為每天他們都很忙，想到什麼就做什麼，一想到就立刻行動，常沒經過深思熟慮，因此也常吃後悔藥。

『火、鈴』坐命的這種急性子，也是本命勞碌刑剋的結果，也常會一生勞碌而沒有結果。只有命格是『火武貪』格或『鈴武貪』格或『火紫貪』、『鈴紫貪』格的人，其人會較有成就。

『火星坐命』及『鈴星坐命』者，常有急功好利，會說謊，喜好流行事物，易無止境的追求時髦，在所不惜。『火星坐命』的人非常聰明、古怪及智商高了。『鈴星坐命』者比『火星坐命』者更聰明、智商更高，也性格更古怪一些。『火星坐命』者喜歡聽音樂及節奏感強的音樂。『火、鈴』坐命者都喜歡高科技產品，如電腦、手機等等，常換手機，學電腦程式也一學就會，但普通學校中的課程不愛唸，他們也喜歡槍枝、軍火之類東西，喜歡說野地遊擊之類的遊戲。這些都是他們好戰的本性。他們也喜歡做變裝秀，把頭髮染得五顏六色，最常染紅、黃二種顏色。**命格居旺的人**，其人皮膚色也多半會為紅褐色（健康色）。**命格居陷的人**，其皮膚會較白或灰暗。**命格居旺的人**，也容易有突發好運及錢財，但多半是突然有一點，再隔一陣子突然有一點的狀態。**命格居陷者**，則較無此種突發好運及錢財，也容易孤獨，少和人來往。

命宮有『火星、天空』坐命或『鈴星、天空』坐命的人，人生中有一閃即逝的狀況，易生命不長久或易出家皈依佛門。頭腦精神也常迷迷糊糊，清醒時會比常人更聰明百倍。

對『火星、鈴星』坐命者送他最新流行物品

如果要向『火星坐命』者或『鈴星坐命』者攻心，速度也要快，

否則跟不上他的速度，兩人沒有交集，便難談攻心了。

其實要向他們攻心非常簡單，你只要向他報告最新流行資訊，喜歡化粧打扮的人，告訴他裝扮及服裝資訊。喜歡科技的人，告訴他電腦展或軟體技術的資訊，或是買東西的資訊，或是根本送他最喜歡最炫的手機、機車、電腦等等便能向他攻心了。

人氣增財術

『火星、鈴星』坐命者的人氣增強術

『火星坐命』者與『鈴星坐命』者都是急性子的人，如果你對誰有所求，會毫不掩飾的立刻去對他攻心示好。『火星坐命』者會莽撞一點，對別人的攻心成功率不高。『鈴星坐命』者較有計謀及計劃，會做突發奇想的制人一擊，反而攻心成功率會較高，『火、鈴星』坐命者其實並不善於和人交往的手段，只是有需要時才向人攻心。自然容易在不瞭對方性格和心態的狀況下攻心失敗。

其實你們可以利用你們自己的專長，如科技類的電腦、電器品的專長知識向他們展示，或是你自己喜愛的古靈精怪的收藏品用這些去吸引你要攻心的人，讓他們對你產生興趣，再用交換條件的方式，自然能攻心成功了。『火、鈴』坐命的人不管是收集品或科技知識，在你們來說都是變化快，過一陣子就會丟掉更換好東西，在你來說，是丟掉後不容易讓你後悔的東西，因此你會毫不心痛的送人。

第三節 『天空、地劫』坐命者的人氣增財術

『天空、地劫』坐命者的天界庇蔭與人界生活

天界庇蔭守護神：

『天空坐命』、『地劫坐命』，以及『劫空坐命』（天空、地劫雙星在巳、亥宮同坐命宮）**也都屬於『空宮坐命』的命格。國父的『萬里無雲』格，這是『天空坐命』酉宮，對宮有『陽梁相照』的命格。**而『地劫坐命』與『劫空坐命』則多屬於有宗教緣，易出家及皈依為僧尼的命格。

『天空、地劫』都代表精神上的空虛不足，其本命也會財不多，亦容易其人身體上有毛病。然而這些命格的人都智商高人一等，十分聰明、伶俐，由其在發明界，創造界會有超於常人的創造力與想像力，只要對人類有利，這些不是壞事。

『天空坐命』者的守護神在《封神榜》中以梅武為代表為守護神。『地劫坐命』者的守護神則以地煞星的黃景元為守護神。後代也以八仙中的呂洞賓為膜拜神祇，也有拜王禪老祖的。

『天空坐命』者在出生之時，其母性格高超、潔淨，不看重錢財，有自己喜歡的高標準生活，例如吟詩、作畫等等，少沾人間煙火。因此會生下這種命格的小孩。『地劫坐命』者在出生之時，家中容易遇到有好事被劫走、落空的現象。也會有家業漸漸退去的狀況。

『劫空坐命』者是『天空星』和『地劫星』同坐命宮，此命格會出現在巳宮或亥宮，其相照的星必是『廉貪』，這代表環境不佳，令人討厭，人際關係不好的命格。此命格的人常是來的不是時候，有時在父母爭吵要離婚之時，有時是非婚生子女，易受遺棄。

人界生活處世：

不論是『天空坐命』、『地劫坐命』，或『劫空坐命』，都是命中財少的命格。命中的財包括父母給的財、祖產及人之本命的財富，以及健康的財。本命財少的人，也會健康有問題，更要小心癌症侵擾刑剋。

命宮中只有一個『天空星』或『地劫星』，只要遷移宮有財星居旺如『太陰居旺』、『武曲居旺』、運星『貪狼居旺』或蔭星『天梁居旺』，或有『紫微星』入宮，則此人一生平順，只是容易常發呆，做事常想一半，另一半常想不到而已，問題還不大。

命宮中『天空、地劫』雙星同坐命在巳宮或亥宮，對宮有『廉貪相照』的命格，雖不受人歡迎，六親宮不佳，坐命巳宮的人至少還有僕役宮是『太陰居旺』，有貼心、多財的朋友可幫忙。命坐亥宮的人，僕役宮是『太陰陷落』，朋友窮又無情，真是六親無靠了。『劫空坐命』者的父母宮為『天機居廟』，表示父母特別聰明，因此他會與父母比聰明，而多是非口舌，親子關係不喜好。其人的兄弟宮為『太陽』，居旺時，能有兄弟幫忙。命坐亥宮者為『日月反背』格局，是故兄弟與朋友皆無助。其人的夫妻宮為『武殺』，表示配偶性格強，常有爭執吵架、打架。庚年生的人有『擎羊』在『夫、官』二宮出現，表示與配偶刑剋有致死的危險，有時事業也不佳，做不長。其子女宮為『同梁』，坐命巳宮的人，會有乖巧子息，將來可奉養他。命坐亥宮的人，子女宮是『天同居旺，天梁居陷』，表示對子女照顧少，子女成就不佳，未來也未必會奉養父母。同時也表示自己家中財少。

有一半的『天空坐命』、『地劫坐命』和全部『劫、空』坐命者的財帛宮有『天相』，官祿宮有『天府星』，表示其人在賺錢工作上還順利，用財無虞，但有另一半的『天空坐命』或『地劫坐命』的『財、官』二位皆在屬於『機月同梁』格的『天機』、『巨門』等星上，因此賺錢會十分辛苦、失意。失意時，再加上感情又出問題，便會有出家的念頭了。

人氣增財術

對『天空、地劫』坐命者傳遞科學新知與贈送科幻物品

『天空、地劫』坐命者也喜歡時髦，新奇及科技用品，如電腦、手機等而且常會拆開來分解來看其中的構造。故而送給他們這類的產品較會合他們的味口。另外，告訴他們一些最新的太空知識、科幻電影，也會讓他們喜歡，而接受你的好意的。

『天空、地劫』坐命者的人氣增強術

『天空坐命』者、『地劫坐命』者和『劫空坐命』者都是十分聰明的人。『天空坐命』者是思想澄淨、無雜念，對哲學的悟性高，本性也不重錢財，對別人更無所求，因此很少有要對人攻心的場合狀況，有時

對家人表達一些心意，算是攻心吧！但他們通常會自己親手做一些小卡片或小手工折紙之類，不花錢的小東西來送給自己喜歡及欽佩的人來表達謝意。

『地劫坐命』的人會在某些時段愛花錢，『地劫坐命』也容易被劫財。『地劫坐命』者也容易道聽途說而耗財。會自作聰明的做些自以為能佔到便宜的事情。因此他們會突然對某人好，對某人採取攻心術，而完全讓人想不透原因，之後，又發現搞錯對象了，十分尷尬。

『天空坐命』、『地劫坐命』常常會突然對誰好，而採取攻心示好，也讓人措手不及。但很快的事情會過去，他也忘記了。他們的感情也像一陣風一樣快速的來又快速的去的無影無蹤。因此你正想回禮時，他們又忘記了，覺得你為何要多此一舉。故而你若未能在當時就回禮的話，那就不用回禮了。

『劫空坐命』者，因命坐四馬宮，容易東跑西跑，周遊天下，其人生也會一小段一小段的變化起來，如浪裡行船，這些命格都屬於時系星的命格，因此有變化快速的特點，某些問題常在某些時辰上出現或要解決。故此人前一刻（前一小時）想對某人攻心，後一刻（後一小時）便已改變主意不想攻心了，其人的心意也變化甚快。另一方面，因他的遷移宮所代表的外在環境不好，別人也較難接受，他的攻心不好。故此人最好算好吉日，看好吉時才去做攻心術較好。

第十二章　結論

這本『人氣增財術』原本是要提醒大家：『六親關係』本身就是一種助力。須要好好的愛護、經營。但是在世界上的人很難會『六親關係』中，每個關係都完美無缺。這也是世界的人美中不足的地方，有時候兄弟宮好了，僕役宮就差，朋友運就不好。其人也會保守，較難在外發展。有時候朋友運好了，兄弟宮差，自小在家中和兄弟姐妹吵吵鬧鬧，或不來往，長大後也無幫助。更有些人夫妻宮不好的會影響到工作。子女宮不佳的，會影響到存不住錢財及家窮。更恐怖的是父母宮不佳的，會影響到我們本人的健康、壽命，以及會生癌症，因此，你說這『六親關係』是不是直接影響到我們人生的財富呢？這是必然的嘛！

人氣增財術

因此我建議大家：

第一：就算父母先走了，也要好好善待及孝順周遭的長輩，心平氣和的對待長者，不論他是賢愚貧痴或知識水準不高，都要好好對待，這不是為別人，也是為自己修父母宮這塊福田。未來你的長輩運、老闆運、貴人運都會變好。

第二：對兄弟、朋友友愛。大家都很羨慕王永慶先生的兄弟運、朋友運，也是由於這兩種運氣的助力幫他創造了龐大的企業王國。但是你有沒有想過他對兄弟和朋友的付出有多少呢？

第三：夫妻宮好與不好的人，都要常檢討自己付出的真心有多少，不要只想到別人給了多少，或是一味的頑固想找有錢人，好運的人來攀附。任何人一出生，環境就已決定了，你是應時而生的人，命運環境中有那些人會出現也是固定的，做非分之想，只是徒增自己煩惱而已。命中有妻財或配偶的人，是天生命格，無法強求。

第四：子女宮所代表的是對晚輩的喜愛之心，因為與田宅宮（財庫）相對照，因此照顧好子女，未來你的財庫也豐滿無缺。

倘若大家都能想透這層道理，也能確實改善自己某些不佳的『六親關係』，增強原本還不錯的親情關係，那你的人生一定會更美滿，做人做事都會更成功！讓我們一起共勉之！

樂透密碼

法雲居士⊙著

偏財運的暴發能量 ＝ 人的質量 × 時間^2
（本命帶財）

會中樂透彩的人，必有其特質，其中包括了『生命財數』與『生命數字』。
能中樂透彩的人必有暴發運，而世界上有三分之一的人擁有暴發運。

因此能中樂透彩之人，必有其數字金鑰及生命密碼。如何運用這個密碼和金鑰匙打開生命中的最高旺運機會，又將在何時掌握到這個生命的最高峰，這本『樂透密碼』，將會為您解開『通往幸運之門的答案』。

法雲居士⊙著

人的八字很奇妙！『年、月、日、時』明明是一個時間標的，但卻暗自包含了人生的富貴貧賤在其中。

八字學是一種環境科學，懂了八字學，你便能把自己放在最佳的環境位置之上而富貴享福。

八字學也是一種氣象學，學會了八字，你不但上知天文、下知地理，不但能知天象，還能得知運氣的氣象，而比別人更快速的掌握好運。每一個人的出生之八字，都代表一個特殊的意義，好像訴說一個特別的故事，你的八字代表什麼特殊意義呢？

在這本『八字王』的書之中，你會有意想不到的、又有趣的答案！

對你有影響的

上、下冊

法雲居士⊙著

每一個人的命盤中都有七殺、破軍、貪狼三顆星，在每一個人的命盤格中也都有『殺、破、狼』格局，『殺、破、狼』是人生打拼奮鬥的力量，同時也是人生運氣循環起伏的一種規律性的波動。在你命格中『殺、破、狼』格局的好壞，會決定你人生的成就，也會決定你人生的順利度。『殺、破、狼』格局既是人生活動的軌跡，也是命運上下起伏的規律性波動。但在人生的感情世界中更是一種親疏憂喜的現象。它的變化是既能創造屬於你的新世界，也能毀滅屬於你的美好世界，對人影響至深至遠。

因此在人生中要如何把握『殺、破、狼』的特性，就是我們這一生最重要的功課了。

對你有影響的

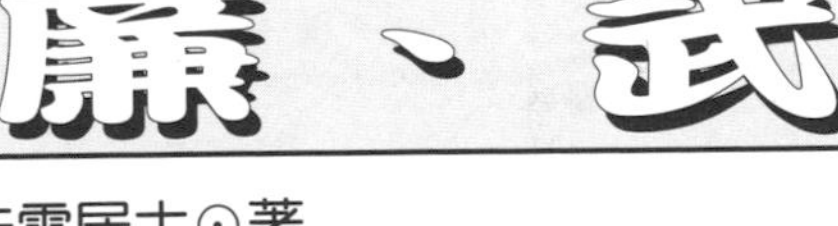

法雲居士⊙著

在每個人的命盤中，都有紫微、廉貞、武曲三顆星，同時這三顆星也具有堅強的鐵三角關係，會在三合宮位中三合鼎立著，相互拉扯，關係緊密、共同組織、架構了你的命運。這也同時，紫微、廉貞兩顆官星和武曲一顆財星，也共同主宰了你的命運！當命盤中的紫、廉、武有兩顆以上居旺時，你的人生就會富足的多，也事業順利、有成就。要看命好不好？就先從你命盤中的這三顆星來分析吧！

星曜特質系列書包括：『殺、破、狼』上下冊、『羊陀火鈴』、『十干化忌』、『權、祿、科』、『天空、地劫』、『昌曲左右』、『紫、廉、武』、『府相同梁』上下冊、『日月機巨』、『身宮和命主、身主』。此套書是法雲居士對學習紫微斗數者常忽略或弄不清星曜特質，常對自己的命格有過高的期望或過於看輕的解釋，這兩種現象都是不好的算命方式。因此以這套書來提供大家參考與印證。

理財贏家非你莫屬

法雲居士⊙著

『理財』要做贏家，
就是要做『富翁』的意思！
所有的『理財贏家』都有自己出奇致勝的絕招。
有的人就知道自己的財富寶藏在那裡，
有的人卻懵懂、欠學，理財卻不贏。

世界上要學巴菲特的人很多，
但會學不像！

法雲居士用精湛的紫微命理方式，
引導你做個『理財贏家』從此改變人生，
也找到自己的富翁之路。

如何選取喜用神
上、中、下冊

法雲居士⊙著

(上冊)選取喜用神的方法與步驟。
(中冊)日元甲、乙、丙、丁選取喜用神的重點與舉例說明。
(下冊)日元戊、己、庚、辛、壬、癸選取喜用神的重點與舉例說明。

每一個人不管命好、命壞，都會有一個用神與忌神。喜用神是人生活在地球上磁場的方位。喜用神也是所有命理知識的基礎。及早成功、生活舒適的人，都是生活在喜用神方位的人。運蹇不順、夭折的人，都是進入忌神死門方位的人。門向、桌向、床向、財方、吉方、忌方，全來自於喜用神的方位。用神和忌神是相對的兩極。一個趨吉，一個是敗地、死門。兩者都是人類生命中最重要的部份。你算過無數的命，但是不知道喜用神，還是枉然。法雲居士特別用簡易明瞭的方式教你選取喜用神的方法，並且幫助你找出自己大運的方向。

算命智慧王

法雲居士⊙著

《算命智慧王》一書的內容主要是將算命此行業的業務內容做一規範作用，好讓消費者與卜命業者共同有一可遵循的模式，由此便能減少紛爭。

世界上愛算命的人口多，但只喜歡聽對自己有利之事，也只喜歡聽論命者說自己是富貴命，常有命相師會投其所好而斷之，等到事情沒有應驗而又怨之。

此書讓大家了解算命該怎麼算？去問問題該問些什麼？究竟命理師該告訴你些什麼呢？如果算命結果不如你願時還要不要再繼續找人算呢？

有關算命的問題都在這本書中會找到答案。

法雲居士⊙著

大家都希望自己很聰明，大家也都希望自己有暴發運。實際上，有暴發運的人在暴發錢財的時間點上，也真正擁有了超高的智慧，是常人所不及的。

這本『暴發智慧王』，就是在分析暴發運創造了那些成功人士？暴發運如何創造財富？如何在關鍵點扭轉乾坤？

人可能光有暴發運而沒有智慧嗎？

如何才能做一個真正的『暴發智慧王』？

法雲老師用簡單明確、真實的案例詳細解釋給你聽！

暴發運風水圖鑑

法雲居士⊙著

『暴發運風水』在外國有很多，在中國也有很多。
『暴發運風水』會因地氣地靈人傑而創造具有大智慧或統御能力的偉人。同時也能創造具有對人類有大功業的名人。更能創造一級棒的億萬富翁。
大家都希望擁有『暴發運風水』來助運，有成就，才不枉到這花花大千世界走一趟。

『暴發運風水』到底是好？是壞？對人多有幫助？且聽法雲老師來向你說仔細，
也為你激發『暴發運風水』，
讓你發得更大，成就更高！

法雲居士⊙著

一般坊間的姓名學書籍多為筆劃數取名法，這是由國外和日本傳過來的，與中國命理沒有淵源！也無法達到幫助人改善命運的實質效果。凡是有名的命理師為人取名字，都會有自己一套獨特方法，就是--納音五行取名法。
納音五行取名法包括了聲韻學、文字原理、字義、聲音的五行來配合其人的命理結構，並用財、官、印的實效能力注入在名字之中，從而使人發奮、圓通而有所成就。納音五行的運用，並可幫助你買股票、期貨及參加投資順利。
現今已是世界村的時代，很多人在小孩一出世時，便為子女取了中文名字、英文名字及日文名字，因此，法雲老師在這本書將這些取名法都包括在此書中，以順應現代人的需要。

好運一定強

法雲居士⊙著

天下的運氣何其多！
但你一定要最『好運』！
『好運一定強』告訴你：
『正財運』、大筆的『金錢運』、暴發的『偏財運』要如何獲得？如何強起來？
也告訴你：『貴人運』、『父母運』、『上司運』、『交友運』要如何應用？如何納為己用？更會告訴你：『戀愛運』、『配偶運』、『家庭運』要如何能圓滿選對人，而一起榮華富貴。
法雲居士用紫微斗數的命理方式教你利用及保持『好運一定強』的方法！

法雲居士⊙著

在事業上衝鋒要講究快！狠！準！
但每個人的人生道路都不一樣，人生運氣也不一樣。事業成就有主貴與主富兩條路。
主貴的路途是出大名、掌大權、有高名位。
主富的道路是經營生意、賺大財、為豪門鉅富。雖然每個人都在事業上衝鋒陷陣、拼得人仰馬翻，但人生境遇與結果都大大不同。
事業衝鋒的奮鬥力和人天生的資源有關。
事業衝鋒的成功關鑑點也和人生運程有關。
法雲居士以紫微命理的方式，幫助你推上事業衝鋒的勝戰陣頭上，幫助你創造事業成功的必勝戰績。

銷售達人致勝術

法雲居士⊙著

世界上有百分之九十的人都在做銷售工作，只不過販賣的物件不一樣而已。

因此『銷售達人致勝術』你必定要懂！『銷售術』不僅僅是推銷物品而已，同時也會介紹創意及構想，有時更會是政治上的工具，或外交上的手段，更會影響你我的生活。

此書中有銷售達人成功時常用的關鑑技巧，也揭示了銷售成功致勝的時間法則。

法雲居士用紫微命理的方式，幫助你快速成為『銷售達人』！

法雲居士⊙著

『強運』就是『旺運』。

天天擁有『旺運』過日子、好運連連，是大家所共同擁有的願望。但月有圓缺，人生有變化起伏，卻不是每個人都能確切掌握好運的。要掌握『強運』，必先掌握『強運』的時間法則，才能成功。在你的生命中，有那些『強運』的時間法則？有那些可以延長『成功』的時間法則？又有那些可以『反敗為勝』的時間法則？

且聽法雲居士為你分析天天保持『強運』一番的關鑑理論，為你開拓更強、更高的人生高峰！

如何推算大運流年、流月

上、下冊

法雲居士⊙著

全世界的人在年暮歲末的時候，都有一個願望。都希望有一個水晶球，好看到未來一年中跟自己有關的運氣。是好運？還是壞運？

這本『如何推算大運、流年、流月』下冊書中，法雲居士利用紫微科學命理教您自己來推算大運、流年、流月，並且將精準度推向流時、流分，讓您把握每一個時間點的小細節，來掌握成功的命運。

古時候的人把每一個時辰分為上四刻與下四刻，現今科學進步，時間更形精密，法雲居士教您用新的科學命理方法，把握每一分每一秒。在每一個時間關鍵點上，您都會看到您自己的運氣在展現成功脈動的生命。

法雲居士利用紫微科學命理教你自己學會推算大運、流年、流月，並且包括流日、流時等每一個時間點的細節，讓你擁有自己的水晶球，來洞悉、觀看自己的未來。從精準的預測，繼而掌握每一個時間關鍵點。

●金星出版●
命理生活新智慧・叢書
VENUS PUBLISHING CO.